AF266416

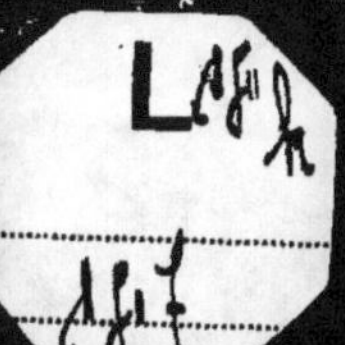

ABREGE' DU CAYER DES DELIBERATIONS

DE

L'ASSEMBLÉE

GENERALE

DES COMMUNAUTEZ

DU PAYS DE PROVENCE.

Convoquée à Lambesc au treiziéme Novembre 1735. pour commencer le lendemain quatorziéme, par autorité & permission de Monseigneur DES GALOIS, Chevalier, Seigneur de la Tour, Glene, Chezelle-Dompierre & autres Lieux, Conseiller du Roy en ses Conseils, Maître des Requêtes ordinaire de son Hôtel, Premier President du Parlement d'Aix, Intendant de Justice, Police & Finances en Provence, & Commandant en chef audit Pays ; Et assignée par le Mandement de Messieurs de Rognes, d'Albert, de Lombard de Malignon & Berne Procureurs du Pays.

A AIX,

Chez JOSEPH DAVID, Imprimeur - Libraire ordinaire du Roy, du Pays & de la Ville, au Roy David. 1735.

ABREGÉ

DU CAYER DES DELIBERATIONS DE L'ASSEMBLEE' Generale des Communautez du Pays de Provence.

Convoquée à Lambesc au treiziéme Novembre 1735. pour commencer le lendemain quatorziéme, par autorité & permission de Monseigneur DES GALOIS, Chevalier, Seigneur de la Tour, Glené, Chezelle-Dompierre & autres lieux, Conseiller du Roy en ses Conseils, Maître des Requêtes ordinaire de son Hôtel, premier President du Parlement d'Aix, Intendant de Justice, Police & Finances en Provence, & Commandant en chef audit Pays : Et assignée par le Mandement de Messieurs de Rognes, d'Albert, de Lombard de Malignon, & Berne Procureurs du Pays.

Dudit jour 14. Novembre, du matin.

ONSEIGNEUR DES GALOIS, Chevalier, Seigneur de la Tour, Glené, Chezelle-Dompierre & autres Lieux, Conseiller du Roy en ses Conseils, Maître des Requêtes ordinaire de son Hôtel, premier President du Parlement d'Aix, Intendant de Justice, Police & Finances en Provence, & Commandant en chef audit Pays, a dit, &c.

Le Seigneur Archeveque d'Aix, Conſeiller du Roy en tous ſes Conſeils, Preſident aux Etats, premier Procureur Né du Pays, a dit, &c.

Mr d'Albert, Aſſeſſeur d'Aix, Procureur du Pays, a dit, &c.

Mr le Marquis de Pontevez Gien Procureur du Pays Joint pour la Nobleſſe, pour continuer & remplir l'exerci-ce de feu Mr le Marquis de Valbelle.

Le Seigneur Archevêque d'Aix, premier Procureur Né du Pays, Preſident aux Etats, a dit, que dans l'intervalle de la derniere Aſſemblée à celle-cy, Mr le Marquis de Valbelle qui occupoit une des places de Meſſieurs les Procureurs du Pays Joints pour la Nobleſſe, eſt decedé. L'Aſſemblée doit être d'autant plus ſenſible à cette perte, qu'elle trouvoit en ſa perſonne toutes les qualitez neceſſaires pour remplir dignement cette place ; cependant comme le tems fixé pour l'exercice de la Charge de Procureur du Pays Joint, par l'Arrêt du Conſeil de Sa Majeſté de l'année 1716. n'eſt pas fini, il a été convenu avec Mrs les Sindics de la Nobleſſe, que l'on choiſiroit ſon ſucceſſeur dans le nombre de Meſſieurs les anciens Sindics de la Nobleſſe qui étoient en exercice avec feu Monſieur le Marquis de Valbelle, & dans cette idée il propoſe à l'Aſſemblée Monſieur le Marquis de Pontevez Gien, dont le merite eſt connu, & qui a toutes les qualitez que l'on peut deſirer pour remplir dignement cette place, & pour continuer l'exercice de feu Mr le Marquis de Valbelle.

Sur laquelle propofition , l'Affemblée a una- nimément élû Mr le Marquis de Pontevez Gien , pour remplir la place de Procureur Joint pour la Nobleffe, vacante par le decès de Mr le Marquis de Valbelle, & pour en continuer l'exercice tout le tems que feu Mr le Marquis de Valbelle l'au- roit remplie, en conformité de l'Arrêt du Con- feil du 27. Octobre 1716. & les Srs de Sigoin & Broc Saint Tropez Confuls & Deputez des Communautez de Sifteron & de Draguignan ont été députez pour lui aller faire fçavoir fa nomi- nation.

Dudit jour 14. *Novembre de relevée.*

Monfieur d'Albert Affeffeur d'Aix, Procu- reur du Pays, a dit, qu'il eft de l'ordre de *Legitimation* pareilles Affemblées, de fçavoir fi tous les Sieurs *des Pouvoirs.* Députez font arrivez, & s'ils ont remis au Gref- fe des Etats leurs pouvoirs en bonne forme.

Me Deregina Greffier des Etats, a dit que tous les Sieurs Députez des Communautez font arri- vez, & qu'ils ont remis leurs pouvoirs en bonne forme.

Ledit Sr Affeffeur a dit , qu'il y a des Regle- *Lecture des* mens qu'on eft obligé de lire avant que de faire *Reglemens.* aucune propofition.

Me Deregina Greffier des Etats a fait la lecture des Reglemens pour la Messe chaque jour au nom du Saint Esprit ; pour le serment de tenir les propositions secrettes jusques à ce que la déliberation en soit prise ; de ne pas reveler le detail des opinions ; que les Sieurs Députez se trouveront aux Séances aux heures assignées : Il a été aussi procedé à la lecture de l'Arrêt du Conseil du dernier Mars 1635. contenant deffenses de faire aucuns dons ni gratifications, & du Reglement portant que dans les huit premiers jours de la tenuë de l'Assemblée, les Sieurs Députez remettront leurs Requêtes & demandes pour la réparation des Ponts & Chemins, à peine d'en être déchus.

Prestation du Serment.

Après quoi tous les Assistans ont prêté le serment accoûtumé, à l'exception des Sieurs Consuls de Tarascon, de Sisteron & de Draguignan, qui étoient absents.

Du 15. Novembre du matin.

Serment des Srs. Consuls de Tarascon.

Les Sieurs Consuls & Députez de Tarascon ont été admis au Serment.

Rémission des ordres du Roy, pour le Don gratuit.

LE Seigneur premier Président & Intendant a remis deux Lettres de Cachet dattées de Versailles du 21. Septembre dernier, l'une adressée à Messieurs les Députez de l'Assemblée, & l'autre

Messieurs les Procureurs du Pays , leur faisant savoir que Sa Majesté lui a adressé , en absence e M. le Duc de Villars , Pair de France , Gouverneur & Lieutenant General audit Pays , les expeditions necessaires pour la convocation & tenuë e la presente Assemblée generale des Communautez , pour y être pourvû aux affaires les plus ressées , & principalement à l'imposition de la somme que Sa Majesté desire être levée dans le ays l'année prochaine , pour subvenir & satisfaire ux dépenses ausquelles Sa Majesté a été obligée endant la presente année. Ledit Seigneur premier President & Intendant a aussi remis des Letrcs Patentes dattées de Versailles le premier Octobre dernier , à lui adressées , afin que par ladite ssemblée il soit pourvû à l'imposition de la somme de sept cent mille livres , sur tous les contrinables dudit Pays , à l'exception des Villes de Marseille , Arles & Terres adjacentes , cottisées parément par des Lettres particulieres. Sa Majesté demande cette somme avec d'autant plus de onfiance , qu'Elle est persuadée du zele que les abitans dudit Pays ont pour son service , ne doutent pas qu'ils ne se portent avec empressement à accorder : Il paroit par ces mêmes Lettres Patentes , que ladite somme de sept cent mille livres est destinée aux armemens de mer , & payable ux termes & en la maniere qui a été pratiquée s années precedentes , & les deniers en provenans portez par ceux qui en feront la recette ez mains du Treforier des Galeres, fur les Quittances du Trefor Royal.

Après la lecture qui a été faite des fufdites Lettres de Cachet & de la fufdite Commiffion, ledit Sr Affeffeur a dit, &c.

Déliberation. Sur quoi l'Affemblée, pour donner au Roy des marques de fa prompte obéiffance & de fa parfaite foumiffion à fes ordres, ne confultant que fon zele pour le fervice de Sa Majefté, fans faire attention aux diverfes furcharges dont le Pays eft accablé, a unanimément deliberé d'accorder les fept cent mille livres qui lui font demandées de la part de Sa Majefté pour le Don gratuit de l'année prochaine 1736. payable ladite fomme en la forme & maniere accoûtumée, fur les Quittances du Trefor Royal, bien & dûëment controllées, fur lefquelles Meffieurs les Procureurs du Pays expedieront leurs Mandemens aux formes ordinaires ; & fur les derniers payemens qui fe feront defdites fept cent mille livres, il fera déduit & compenfé la fubfiftance des Troupes d'Infanterie & de Cavalerie qui pourroit avoir été fournie par les Communautez, foit en quartier fixe, ou en quartier d'affemblée ; & afin que Sa Majefté foit bien-tôt informée de la prompte obéiffance de l'Affemblée pour l'execution de fes ordres, il a été deliberé

9

eré de supplier ledit Seigneur premier Prefident
& Intendant de la faire valoir par fes dépêches,
qui feront portées avec celles de Meffieurs les Procureurs du Pays, par un Courrier exprès, auquel
fera payé par le Pays la fomme de mille livres,
tant pour fes peines & foins, que pour les frais
de fa courfe en allant & revenant : L'Affemblée
ayant lieu d'efperer que Sa Majefté aura la bonté
d'accorder au Pays la remife de deux cent mille
livres, à tant moins & à compte de la fomme de
quatre millions cinq cent mille livres qu'il a plû
au Roy d'accorder au Pays de Provence, en indemnité des pertes & des dépenfes exceffives qu'il
a fuporté dans le tems de la Contagion, & qui
devoient être compenfées fucceffivement fur les
Dons gratuits jufques en l'année 1737. ainfi reglé par la Deliberation particuliere du 28. Janvier
1724. & cela avec d'autant plus de raifon, que
le Pays a toûjours employé le montant de ladite
remife à payer une partie des fommes qu'il fut
obligé d'emprunter pour fe garantir de ce terri-
ble fleau, en conformité des intentions de Sa Ma-
efté, outre laquelle fomme elle fait encore une
impofition particuliere depuis plufieurs années,
qu'elle employe au rembourfement des fonds,
conjointement avec les fonds procedans de ladite
remife.

Dudit jour 15. *Novembre de relevée, lesdits Sieurs ne se sont point assemblez, s'étant occupez à faire leurs dépêches pour la Cour.*

Du 16. *dudit mois de Novembre du matin.*

Serment prêté par Mr le Marquis de Pontevez Gien Procureur du Pays joint pour la Noblesse, & par les Srs Consuls de Sisteron, & de Draguignan.

Monsieur le Marquis de Pontevez Gien est entré dans l'Assemblée, avec les Sieurs Députez des Communautez de Sisteron & de Draguignan, & après qu'ils ont eu prêté serment, Monsieur le Marquis de Pontevez a remercié l'Assemblée de l'honneur qu'elle lui a fait de l'admettre dans ses Séances en qualité de Procureur du Pays Joint pour la Noblesse ; & le Seigneur Archevêque lui a répondu au nom de l'Assemblée.

Interêts des heritages occupez par le nouvel Arcenal des Galeres à Marseille, les fortifications d'Antibes, Toulon, Colmars & Seyne.

Le Seigneur premier President & Intendant a dit, que par les Instructions qui lui ont été adressées de la part du Roy, il est obligé de faire mettre fonds pour le payement des interêts de la somme de vingt-deux mille deux cent cinquante-deux livres huit sols six deniers, à laquelle monte le dédommagement des heritages pris pour la construction du nouvel Arsenal des Galeres à Marseille.

Pour ceux de la somme de dix-neuf mille deux cent cinquante-deux livres deux sols six deniers, dûës aux proprietaires des heritages compris dans les fortifications d'Antibes, jufques en l'année 1697.

Pour ceux de quatre mille huit cent quatre-vingt-quatre livres pour d'autres heritages pris en 1701. pour les fortifications de la même Ville & de fon Fort.

Pour ceux de quinze cent vingt-cinq livres fix fols huit deniers auffi dûës pour d'autres heritages pris pour les fortifications dudit Fort d'Antibes, jufques en 1704.

Pour ceux de trois mille neuf cent foixante-dix-huit livres dûës pour les heritages occupez pour la nouvelle Boulangerie de Toulon.

Pour ceux de ce qui refte à payer de la fomme de cinquante-fix mille deux cent quatre-vingt-deux livres deux fols, qui étoit dûë aux proprietaires des heritages compris dans le camp retranché fous Toulon.

Pour ceux de ce qui refte à payer des quarante-cinq mille livres portées par la Tranfaction paffée entre Meffieurs les Procureurs du Pays, & les proprietaires des heritages compris dans les fortifications du nouveau projet de Toulon.

Pour ceux de dix - huit mille trois cent vingt livres dix-fept fols duës aux proprietaires des heritages compris dans les fortifications de Seyne.

Pour ceux de dix - fept mille cent trente - huit livres fix fols quatre deniers, pour les heritages compris dans les fortifications de Colmars.

Pour les interêts encore de la fomme de trois mille deux cent deux livres, à laquelle ont été eftimées huit baftides aux environs d'Antibes, dont le Roy avoit ordonné la démolition en 1713.

Pour ceux de trois cent quatre-vingt - une liv. quinze fols dûës aux Demoifelles Léon d'Antibes, pour le dommage caufé à un terrein à elles apartenant, par les vagues de la mer, provenant du Mole que Sa Majefté a fait faire pour couvrir le port, & en retrécir l'entrée.

Pour ceux de dix - huit cent trente - fix livres dix-huit fols fix deniers, à quoi ont été reduites par le procès verbal du Sr de Colla ancien Affeffeur, les deux mille deux cent quatre-vingt-feize livres dûës au Sr Philibert, pour deux maifons qui lui ont été prifes pour les fortifications d'Antibes.

Et pour ceux de cinq cent livres, à laquelle

ſomme a été eſtimé ce qui a été pris en l'année 1713. du reſtant de la Tour appartenant au Sieur Izoard le long des remparts de Seyne, dont le bas a été occupé par les fortifications en 1698. l'intention du Roy étant que l'Aſſemblée faſſe le fonds deſdits interêts, pour être payez audit proprietaire, & qu'il en ſoit uſé de même à l'égard des autres ſommes cy-deſſus mentionnées.

Il eſt auſſi porté par les mêmes Inſtructions, que le Roy ayant par le Brevet arrêté en ſon Conſeil le 23. Août de la preſente année 1735. reglé les ſommes qui doivent être impoſées pendant l'année prochaine 1736. ſur les vingt Generalitez des Pays d'Election, & les autres Provinces & Départemens du Royaume, pour partie de la ſolde & ſubſiſtance des Soldats de Milice qui ſont dans les places ou dans les armées, & pour le dernier tiers de l'habillement deſdits Soldats de Milice : Comme auſſi pour les ſix deniers pour livre deſtinés à la retenuë des Invalides, & aux taxations du Treſorier general, & les frais de recouvrement: l'intention de Sa Majeſté eſt que l'Aſſemblée faſſe l'impoſition de la ſomme de vingt-neuf mille ſept cent vingt-ſept livres ſept ſols, que le département de Provence doit ſuporter deſdites dépenſes, ſuivant l'Arrêt du Conſeil du 30. dud. mois d'Août, expedié en conſequence dud Brevet ; Sçavoir, de dix-huit mille ſix cent vingt-une livres quatre fols huit deniers , pour partie de la folde & fubfiftance des Soldats de milice qui font dans les Places ou dans les Armées ; de celle de neuf mille livres pour le dernier tiers de l'habillement defdits Soldats de Milice ; de celle de fix cent quatre - vingt - dix livres dix fols fept deniers , qui doit être levée en confequence de l'Article XXIII. de l'Ordonnance du 25. Fevrier 1726. pour les fix deniers pour livre defd. folde & habillement ; & de celle de quatorze cent quinze livres onze fols neuf deniers pour les frais de récouvrement defdites fommes , à raifon d'un fol pour livre. Revenant toutes les fufdites fommes à la premiere de vingt-neuf mille fept cent vingt-fept liv. fept fols , laquelle fera payée par les contribuables de quartier en quartier , & levée par les Collecteurs ordinaires , qui en remettront le montant dans les mêmes termes que ceux de la Taille , aux Receveurs particuliers dudit Pays de Provence , & par lefdits Receveurs particuliers en celles du Treforier general dudit Pays , pour être ladite fomme de vingt-neuf mille fept cent vingt-fept liv. fept fols , déduction faite du fol pour livre de taxations qui fera retenu & diftribué entre les Collecteurs & autres prepofez particuliers & generaux , ainfi & de la maniere ufitée dans ledit Pays , remife par ledit Treforier general au Trefor Royal , & employée fuivant les ordres de Sa Majefté.

Sa Majesté veut aussi que conformément aux *Chemins.*
premieres instructions, il soit incessamment tra-
vaillé au rétablissement des chemins, en sorte qu'ils
soient en bon état.

Et finalement que l'Assemblée donne une at- *Dettes du Pays.*
tention particuliere à l'aquitement des dettes du *Commerce &*
Pays, & à tout ce qui peut concerner le bien du *Manufactures.*
commerce, & l'avantage des manufactures.

Sur quoi l'Assemblée a déliberé qu'il sera mis *Deliberation.*
fonds ci-après pour les interêts de ce qui reste dû
des sommes principales dont mention est faite ci-
dessus à raison de trois pour cent concernant les
heritages pris pour la construction du nouvel Arsenal des Galeres à Marseille, pour ceux des fortifications de Seyne & de Colmars, la nouvelle
Boulangerie de Toulon, des heritages compris dans
le camp retranché de Ste Anne sous Toulon, &
pour ceux compris dans les nouvelles fortifications à
Toulon ; des fortifications d'Antibes & de son
Fort des années 1697. 1701. & 1704. pour les
interêts de ce qui reste dû de la somme de trois
mille deux cent deux livres à quoi a été fixé le
prix de huit Bastides aux environs d'Antibes, dont
le Roy avoit ordonné la démolition en 1713. de
celle de dix-huit cent trente-six livres 18. sols 6. d.
dûë au Sr. Philibert, & de celle de cinq cent livres
dûë au Sr. Izoard en qualité d'heritier du Sr Sa-

vornin, pour le reſtant de la Tour à lui apartenant le long des Remparts de la Ville de Seyne.
Les Demoiſelles Leon d'Antibes ayant été ci-de-
vant payées de la ſomme principale qui leur étoit
dûë, au moyen de quoi il n'eſt fait aucun fonds
pour raiſon de ce, laquelle impoſition ne ſera faite
que pour deux tiers des interêts deſdites ſommes,
qui doivent être payez par le Pays, les Villes de
Marſeille, Arles & Terres adjacentes étant obligées de contribuer pour l'autre tiers.

Milice. Comme auſſi l'Aſſemblée a déliberéqu'il ſera
impoſé la ſomme de vingt-un mille deux cent
trente-deux livres quinze ſols trois deniers, ſçavoir
quatorze mille trois cent quatorze livres quinze ſols
trois deniers, pour ce qui compete au Pays de
celle de dix-neuf mille quatre-vingt ſix livres quinze
ſols trois deniers d'un côté, à laquelle montent
la ſubſiſtance, frais d'Aſſemblée & autres dépenſes des Soldats de Milice qui ſont dans les places
ou dans les armées, & ſix mille neuf cent dix-huit
livres, pour ce qui compete auſſi audit Pays de
celle de neuf mille deux cent vingt-cinq liv. d'autre
pour le dernier tiers de l'habillement deſdits Soldats
de Milice, dans laquelle ſomme totale de vingt-
un mille deux cent trente-deux livres quinze ſols
trois deniers ſe trouvent compris les ſix deniers
pour livre, qui doivent être levés en conſequence de
l'article XXIII. de l'Ordonnance du 25. Fevrier
1726.

1726. laquelle fomme de vingt-un mille deux cent trente-deux livres quinze fols trois deniers fera payée fur les quittances du Tréfor Royal, & le Mandement de Meffieurs les Procureurs du Pays, & cependant il fera fait de très humbles rémontran-ces à Sa Majefté, pour la fuplier de décharger le Pays de cette dépenfe, & quant aux articles def-dites inftructions concernant la reparation des Ponts & Chemins, & l'aquittement des dettes du Pays, l'Affemblée a refervé d'en parler dans une autre feance fur la connoiffance qui lui en fera don-née.

Remontrances.

Ledit Seigneur Premier Préfident & Intendant, a dit, qu'il a reçû un Arrêt du Confeil du 16. Août dernier, par lequel Sa Majefté ordonne qu'il fera impofé pendant l'année prochaine 1736. fur les Contribuables du Pays de Provence, la fomme de cent quarante-un mille fept cent cinquante li-vres ; fçavoir celle de vingt-quatre mille quatre cent livres fur les Villes dudit Pays qui feront exemptes de logement pour l'Uftencile des Troupes d'Infan-terie qu'elles auroient dû loger, fi lefdites Trou-pes avoient hyverné dans l'interieur du Royaume dont les habitans de la Ville d'Aix payeront fept mille trois cent livres, ceux de Toulon trois mille huit cent livres, ceux de la Ciotat dix-neuf cent li-vres, ceux d'Ollioules quatorze cent livres, ceux de Caffis huit cent livres, ceux du Martigues huit

Uftencile de la Cavalerie & de l'Infanterie.

cent livres, ceux d'Arles sept mille livres, & ceux de Salon quatorze cent livres, & pour l'Ustencile de la Cavalerie, celle de cent dix mille six cent livres, laquelle sera imposée au marc la livre de la Taille sur les Villes, Bourgs & Paroisses dudit Pays, autres que celles ci-dessus qui payent l'Ustencille de l'Infanterie, outre lesquelles sommes il sera imposé celle de six mille sept cent cinquante livres tant sur lesdites Villes que sur le plat Pays, pour les taxations & frais de Recouvrement à raison d'un sol pour livre, revenant toutes lesdites sommes à ladite premiere de cent quarante-un mille sept cent cinquante livres, laquelle sera payée par les Contribuables de quartier en quartier & levée par les Collecteurs ordinaires, lesquels en remettront le montant aux Receveurs particuliers dudit Pays de Provence, & lesdits Receveurs particuliers au Trésorier general dudit Pays, pour être lad. somme de cent quarante-un mille sept cent cinquante livres, deduction faite d'un sol pour livre de taxations, dont quatre deniers seront retenus par les Collecteurs, quatre deniers par les Receveurs particuliers, & quatre deniers par le Sr. Trésorier General dudit Pays de Provence, remise par ledit Trésorier General au Tresor Royal, & employée suivant les Ordonnances particulieres que Sa Majesté fera expedier à cet effet.

Déliberation.   Sur laquelle proposition il a été unanimément

éliberé qu'il fera mis fonds ci-après de la fomme de
ent vingt-fix mille fix cent livres ; fçavoir , feize
mille livres competant aux Communautez qui en-
ent aux charges du Pays pour l'Uftencile de l'In-
anterie , les Villes d'Arles & de Salon étant com-
prifes dans ledit Arrêt pour les huit mille quatre
ent livres reftantes , & cent dix mille fix cent li-
res pour l'Uftencile de la Cavalerie.

Monfieur d'Albert Affeffeur d'Aix Procureur
du Pays , a dit , que Meffieurs fes Collegues &
ui , ayant eu l'honneur d'adminiftrer encore cette
nnée les affaires du Pays ; il étoit engagé d'en
endre compte à l'Affemblée , tant pour en obte-
ir la ratification que pour fervir d'éclairciffement
ux propofitions qui feront faites fur celles qui fe-
ont reprifes , à quoi il a fatisfait ainfi & de la
maniere qui fuit.

Messieurs,

La derniere Affemblée ayant deliberé de faire
le très-humbles remontrances à Sa Majefté , fur
e que par Arrêt de fon Confeil du 27. Octo-
re 1733. il eft ordonné qu'il fera impofé pen-
ant l'année 1734 fur les contribuables du Pays
le Provence , la fomme de cent quarante - cinq
mille cent vingt-cinq livres ; Sçavoir , vingt-quatre
mille quatre cent livres fur les Villes de ce Pays qui

feroient exemptes de logement pour l'uftencile des Troupes d'Infanterie qu'elles auroient dû loger, fi ces Troupes avoient hyverné dans l'interieur du Royaume ; Celle de cent dix mille fix cent livres pour l'uftencile de la Cavalerie, & dix mille cent vignt-cinq livres pour les frais de recouvrement ; ce qui ayant été demandé à l'Affemblée generale tenuë le 19. Novembre 1733. il fut pourvû à l'impofition ou payement de cent vingt-fix mille fix cent liv. Sçavoir, feize mille liv. pour ce qui competoit aux Communautez qui entrent dans les charges du Pays, des vingt-quatre mille quatre cent livres du montant de l'uftencile de l'Infanterie, les Villes d'Arles & de Salon devant fuporter les huit mille quatre cent livres reftantes, & de cent dix mille fix cent livres pour l'uftencile de la Cavalerie

Et par un autre Arrêt du Confeil du 3. Août 1734. la même impofition avoit encore été ordonnée pour l'année 1735.

Et ayant été remarqué que l'impofition de la fomme de cent dix mille fix cent livres pour l'uftencile de la Cavalerie n'étoit répartie que fur les Communautez qui entrent dans les charges du Pays, & non pas fur celles de Marfeille & Terres adjacentes ; & qu'il s'enfuit que par le deffaut de cette impofition fur la Ville de Marfeille & celles des

Terres adjacentes, les Communautez du Pays font furchargées, fuportant totalement cette impofi-tion ; l'intention de Sa Majefté étant que les dé-penfes faites pour le bien commun de l'Etat, foient également fuportées, Elle feroit très-hum-blement fuppliée d'ordonner que la Ville de Mar-feille & celles des Terres adjacentes qui ne contri-buent point à l'Uftencile de l'Infanterie , contri-bueroient du moins à celle de la Cavalerie.

Sa Majefté a répondu à côté de cet Article, Que la Ville de Marfeille & les Terres adja-centes n'ayant pas contribué jufqu'à prefent à cette impofition, Elle ne juge pas qu'il convien-ne de rien changer à ce qui eft établi fur cela.

Par le fecond article de nos très-humbles re-montrances , Sa Majefté eft fuppliée d'avoir at-ention que la Cavalerie Efpagnole ayant paffé dans ce Pays dans les mois de Novembre & De-cembre 1733. pour s'embarquer à Antibes & fe endre en Italie ; fur la lettre que M. d'Angervil-iers Miniftre de la Guerre écrivit à M. l'Inten-dant, de faire en forte que lors du paffage de cette Cavalerie elle trouvât dans tous les lieux la fubfiftance, en payant fur le pied du taux qui fe-oit reglé pour les rations, tant de bouche que de ourrage , tout avoit été executé de la part des Communautez, avec ardeur & avec zele pour le

Sur la demande à Sa Majefté du rembourfement des Uftenciles fournies par les Communautez , aux Troupes Ef-pagnoles.

service de Sa Majesté : mais que ces Troupes, en payant aux Communautez le prix des rations, ne les avoient pas indemnisées en total du prix des voitures fournies pour le transport de leurs équipages, ni de l'ustencile qui leur avoit été fournie ; & que sur la demande que ces Communautez en avoient fait à la derniere Assemblée , elle avoit deliberé de faire de très-humbles remontrances à Sa Majesté , pour lui demander le remboursement de ces ustenciles en faveur de ces Communautez , ou de leur faire obtenir une indemnité proportionnée à leur perte , par Sa Majesté Catholique.

Sur quoi Sa Majesté a répondu *qu'Elle y fera consideration.*

TOULON.

Sur le creusement & curage de son Port , & pour parvenir à un compte des fonds à ce destinés.

Par le troisiéme article de nos très-humbles remontrances, nous avons reprensenté très-humblemnet à Sa Majesté, que les Assemblées generales tenuës en 1731. & 1733. ayant voulu entrer en connoissance de l'employ que la Communauté de Toulon fait de la somme de quatre mille livres, qui lui est passée annuellement par le Pays dans la liquidation de la dépense des Troupes, en execution de divers Arrêts du Conseil, qui ordonnent que le Pays contribuera pour quatre mille livres au creusement & curage du Port de cette Ville ; par l'Examen & le Raport qui fut fait à la der-

niere Affemblée, il refulte que la Communauté
de Toulon ayant été obligée de faire le creufement
de fon Port depuis l'année 1668. jufques en 1704.
elle en avoit fuporté la dépenfe totale.

Mais que du depuis cette Communauté ayant
demandé d'être indemnifée par le Pays de cette
dépenfe, & s'étant pourvûë au Confeil de Sa Majefté, elle forma plufieurs chefs de demande qui
furent decidez par Arrêt du 24. May 1704. qui
ordonne fur ce chef, que tant qu'il plaira à Sa
Majefté d'ordonner la continuation du creufement
& curage du Port, il fera rembourfé à la Ville
de Toulon fur douze mille livres, à quoi fe monte cette dépenfe toutes les années, celle de fix
mille livres; fçavoir, quatre mille livres par le
Pays, & deux mille livres par les Communautez
du voifinage; que cet Arrêt avoit eu fon execution jufques à aujourd'hui, parce qu'il avoit été
renouvellé de cinq en cinq ans.

Mais que l'Affemblée ayant été inftruite qu'il
n'avoit pas été dépenfé annuellement à cette reparation la fomme de douze mille livres, ainfi
qu'il avoit été juftifié par les comptes de cette
Communauté, & qu'il eft paffé fur cette fomme nombre de dépenfes qui ne regardent en aucune façon le creufement & curage du Port, Elle
fuplie très-humblement Sa Majefté de décharger

le Pays à l'avenir de la dépense de quatre mille livres, & les Communautez voisines de celle de deux mille livres qu'elles sont obligées de contribuer pour le même fait.

Que la justice de cette demande est fondée sur les Arrêts même qui l'ordonnent; que par ces Arrêts cette dépense est fixée à douze mille livres par an, & pendant cinq années seulement, d'où il s'ensuit que le Conseil a préjugé que cet ouvrage pourroit être fini en cinq années moyenant la somme de douze mille livres par année; qu'il y a cependant 31. ans que l'on employe la même somme, & que si elle n'avoit pas été divertie à d'autres usages il n'étoit pas possible que cet ouvrage ne fût aujourd'hui en sa perfection.

Qu'il avoit été d'ailleurs justifié sur les comptes, que depuis l'année 1704. jusques en 1731. inclusivement, le Pays avoit surpayé la Communauté de Toulon de la somme de dix-sept mille trois cent livres, & les Communautez des environs de Toulon de la somme de huit mille six cent cinquante livres, en admettant tout ce que les Auditeurs de ces comptes ont admis dans ce chapitre de dépense qui ne regardoit point le creusement & curage du Port.

Que Sa Majesté étoit très-humblement supliée dans

ans ces Remontrances, d'accorder au Pays un fur-
oi à l'execution de l'Arrêt du Conseil du 11. Juin
731. & un renvoy à M. l'Intendant, pour la
evision des comptes de la Communauté de Tou-
on, pour la dépense du creusement & curage de
on Port depuis 1704. jusques à present.

Sur quoy Sa Majesté a répondu, *qu'elle se fera rendre compte de l'employ des fonds qui ont été destinez au creusement & au curage du Port de Toulon.*

Par le 4e. article de nos très-humbles Remon-
rances, Sa Majesté est supliée de revoquer l'Ar-
êt du Conseil du 24. Août 1734. rendu sur la
Requête de Gregoire Carlier Soû - Fermier des
Domaines & Controlleur des Exploits & Actes en
Provence, par lequel il est ordonné, que les
Huissiers & Sergens seront tenus de faire controller
ous les Exploits de saisie, & assignation qu'ils
eront à la Requête des Collecteurs des Tailles
es Communautez, contre les Redevables des
Tailles & autres Impositions, à l'exception seulement des premiers commandemens qui ne porte-
ont point assignations ni saisies, attendu que cet
Arrêt est contraire aux usages de ce Pays, confir-
nez par deux Arrêts du Conseil rendus pour la
evée des Tailles, les 22. Avril 1671. & 23.
May 1672. en contradictoires deffenses.

TAILLES.
Sur l'Arrêt qui soumet au Controlle les Exploits pour Tailles, & pour en obtenir la revocation.

D.

Que le feu Roy interpretant l'Arrêt du 22. Avril 1671. ordonna que les Exploits qui auroient été, ou seroient faits à la Requête des Tresoriers des Communautez de Provence, ou des Commis preposez à la recette des impositions, tant contre les Communautez que contre les Particuliers, seroient exempts de l'enregistrement & dechargez du droit de Controlle ; ce qui fut encore confirmé par Arrêt du 23. May 1672.

D'où il s'ensuit que l'on a surpris de la Religion du Conseil de Sa Majesté l'Arrêt du 24. Août 1734. que Sa Majesté est très-humblement supliée de revoquer, en laissant joüir le Pays de Provence de ses droits & privileges confirmés par les Arrêts du 22. Avril 1671. & 23. May 1672.

Sur quoi Sa Majesté a répondu, *que l'Arrêt du Conseil du 24. Août 1734. ayant été rendu en connoissance de cause, & pour remedier à des abus & des inconveniens ausquels le deffaut de Controlle des Actes dont il s'agit donnoit lieu, elle ne juge pas à propos d'y rien changer.*

DIXIEME.

Sur la repartition portée par deux Arrêts du Conseil, du contingent du Pays & des Communautez, sur le prix de l'abonne.

Par le cinquiéme Article de nos très-humbles Remontrances, nous avons representé à Sa Majesté qu'ayant eu la bonté d'accepter nos offres pour l'abonnement du Dixiéme à la somme de cinq cent cinquante mille livres, & ordonné par Arrêt de son Conseil du 2. Juin 1734. qu'en payant cette fomme au Trefor Royal , tous les habitans du Pays de Provence , Marſeille , Arles , & Terres adjacentes, demeureroient déchargez du Dixiéme du revenu des biens Nobles, Roturiers & affranchis, Maiſons, capitaux & rentes conſti-tuées, induſtrie , & generalement tous les reve-nus & droits qui pourroient y être aſſujettis par la Declaration du 17. Novembre 1733. en quoi que leſdits biens & droits puiſſent conſiſter ; que cet Arrêt , & celui du 13. Juillet ſuivant , con-tenant, le premier, la cottiſation de ce que cha-que Viguerie en corps doit payer ; & le ſecond, la cottiſation de chaque Communauté de ces Vi-gueries , bleſſent les loix, les uſages & privileges des Aſſemblées & des Procureurs du Pays, qui ſeuls, en qualité de Deleguez des Aſſemblées , ont droit de répartir ſur chaque Communauté ce qui com-péte au Pays à payer à Sa Majeſté , ainſi que nous l'avons prouvé dans nos Remontrances.

Ce qui nous fait eſperer de la juſtice de Sa Majeſté , qu'Elle voudra bien ordonner, que ſans s'arrêter à l'Arrêt du Conſeil du 2. Juin 1734. au chef portant la répartition de ce que chaque Viguerie doit payer de l'abonnement du Dixié-me , ni à celui du 13. Juillet ſuivant , permettre aux Procureurs du Pays Nez & Joints , de faire la repartition de la ſomme de trois cent vingt mille ſix cent trente-deux livres qui competent à payer aux Communautez qui entrent dans les charges du Pays selon nos usages & nos Privileges.

Sur quoi Sa Majesté a répondu, *que la repartition du Dixiéme ne se doit pas faire sur le seul Affoüagement ; il est necessaire d'y faire aussi entrer le Commerce, l'industrie, le nombre d'Habitans, & plusieurs autres considerations particulieres ; c'est ce que l'on observa dans la premiere Repartition du Dixiéme qui fut faite en 1711. par le feu Sr. Lebret pour lors Intendant en Provence, & il en a été usé de même dans celle que contiennent les Arrêts du Conseil du 2. Juin & 13. Juillet 1734. du Dixiéme ordonné par la Déclaration du 17. de Novembre 1733. qui d'ailleurs se trouvoit conforme à une deliberation des Procureurs du Pays du 22. May 1734. Au surplus, le fonds qui doit provenir de cette imposition, étant distiné aux dépenses de la Guerre, l'intention du Roy est que lesd. Arrêts de son Conseil des 2. Juin & 13. Juillet 1734. continuent d'être executez par provision ; Sa Majesté se reservaut au cas que l'Assemblée generalle des Communautez ou les Procureurs du Pays de Provence proposent quelques changemens particuliers, de les faire examiner en son Conseil, & d'y pourvoir en connoissance de cause.*

Du procès où le Pays étoit inter-

Le Procès dans lequel le Pays est intervenu pardevant la Cour de Parlement de ce Pays, entre la Communauté de Tarafcon, & le Sr. Mouret Bourgeois de cette Communauté, dans lequel il s'agiſſoit de l'apel d'un jugement rendu contre cette Communauté, par le Bureau de Meſſieurs les Tréſoriers Generaux de France, le 15. Fevrier 1734. dont nous eumes l'honneur de donner connoiſſance à la derniere Aſſemblée, a été fini par Arrêt d'expedient offert par le Sr. Mouret, & remis au Greffe le 7. du mois de May dernier, par lequel le jugement de Meſſieurs les Tréſoriers Generaux de France eſt declaré nul & comme tel caſſé ; le droit du Pays & de la Communauté de Tarafcon eſt entierement rétabi.

venu entre la Communauté de Tarafcon & le Sr Mouret, qui a été terminé par Arrêt d'Expedient.

Dans le cours de ce Procès, le Procureur du Roy au Bureau des Finances ayant fait donner au Pays aſſignation au Conſeil, aux fins d'être maintenus en leur Juriſdiction, qu'il préſupoſoit que nous leur conteſtions ſur le fait de la voirie ; nous répondimes que tout étant reglé parmi nous par la Tranſaction du dernier Decembre 1668. nôtre intention étoit d'executer exactement cette Tranſaction, pourvû que par aucune entrepriſe de leur part ſur la direction des Chémins, ils ne nous donnaſſent pas ſujet de nous en éloigner, & au moyen de ce, le Procureur du Roy fut interpellé de ſe departir de l'aſſignation qu'il nous avoit fait donner au Conſeil.

De l'aſſignation donnée au Pays, au Conſeil de la part du Sr Procureur du Roy au Bureau des Finances.

Par cette réponſe le motif dont le Procureur du Roy ſe ſervoit pour mettre en cauſe le Pays, n'exiſtant plus, il nous fit ſignifier un nouvel acte, par lequel en nous mettant en notice le contenu du precedent, & la réponſe qui y avoit été faite, il nous declare qu'il ne ſe départiroit de l'aſſignation qui nous avoit été donnée, qu'autant que nous nous départirions de l'intervention que le Pays avoit accordée à la Communauté de Taraſcon, de ſorte que nous avons été obligés d'envoyer les copies de ces aſſignations au Sr. Noblet à Paris, avec ordre de preſenter ſur cette aſſignation. Mais comme l'Expedient offert par le Sr. Mouret ſur l'inſtance qui étoit pendente au Parlement entre la Communauté de Taraſcon & lui, où le Pays étoit intervenu, a mis fin à tout pretexte, il y a lieu de croire que le Procureur du Roy s'en eſt deſiſté, n'ayant fait du depuis aucune pourſuite.

Du procès de la Communauté de Vitrolles, où le Pays eſt apelléen garantie contre les hoirs du Sr. de Libertat.

La Communauté de Vitrolles, qui avoit appellé le Pays en garantie ſur la prétention des hoirs du Sr de Libertat, de joüir de l'exemption & affranchiſſement de la cotte du département & autres impoſitions, à cauſe du privilege du quart de feu qui leur eſt acordé, tant qu'il y aura des mâles dans cette famille, ayant impetré Requête civile envers l'Arrêt que la Cour des Comptes rendit le 30. Juin 1734. par lequel elle avoit été deboutée de ſa demande en garantie. Sa Requête civile a été

uverte par autre Arrêt du 22. Juin dernier, en
orte que les Parties se trouvent au même état où
les étoient auparavant.

Le Sr de Libertat étant disposé à finir cette
ffaire par voye d'accommodement, il y a lieu
'esperer que le Pays n'aura plus aucun interêt dans
ette affaire.

L'affaire contre les nouveaux créanciers de la
Communauté de Cagnes, dont nous donnâmés
onnoissance à la derniere Assemblée, ayant par
Arrêt de la Cour des Comptes, du 18. Fevrier
ernier, été renvoyée au Conseil, il a été dressé
n Mémoire contenant le detail du fait, & les
aisons sur lesquelles le droit & les interêts du Pays
ont établis.

Ce Mémoire, dont il fut fait lecture dans
Assemblée particuliere du Pays, du 21. May
ernier, fut envoyé au Sieur Bronod Avocat au
Conseil, avec les pieces de ce Procès qu'on a crû
ecessaires pour sa deffense, afin d'y lever une
Commission pour y faire assigner les Parties, &
oursuivre ensuite jusques à Arrêt définitif, en
onformité de la Déliberation de la derniere As-
emblée. Quelque tems après cet ordre donné,
l nous fut proposé de remettre la décision de
ette affaire à des Magistrats; nous y consentî-
nes, & nous convinmes des Messieurs les Pre-

*Du Procès con-
tre les nouveaux
Créanciers de la
Communauté de
Cagnes.*

ſident de Ricard Saint Albin & Conſeiller de Co-
lobrieres. Ces Meſſieurs ayant bien voulu ſe char-
ger de ce ſoin, & pris connoiſſance de cette affaire, tant par la lecture des pieces, que par les
inſtructions des Parties, étoient en état de donner leur déciſion : Mais Meſſieurs les Créanciers
ayant traîné en longueur, voulant faire écrire leurs
Avocats, & donner, diſoient - ils, de nouvelles
deffenſes, ont fait échoüer l'arbitrage, & l'on eſt
dans la neceſſité de pourſuivre cette affaire au
Conſeil, où les Parties ont été aſſignées.

Du Jugement du Procès contre le Fermier des Formules, ſur le Timbre des Cadaſtres.

La prétention du Fermier des Formules à obliger les Communautez à faire contre-timbrer les
feüilles de leurs Cadaſtres, qui ſe trouvent en
blanc à chaque mutation du Timbre, ayant porté la derniere Aſſemblée à deliberer que nous
prendrions le fait & cauſe des Communautez qui
ſe trouveroient attaquées de ſa part, nous avons
ſur les pourſuites en prétenduë contravention aux
Edits, Declarations & Arrêts du Conſeil, qu'il
faiſoit contre les Communautez de La Fare &
de Caſſis, & leurs Greffiers, pris la deffenſe de
ces Communautez pardevant la Cour des Comptes, qui par Arrêt du 18. Août dernier, a mis
ces Communautez, de même que leurs Greffiers
hors de Cour & de Procès ſur les demandes en
contraventions libellées dans ſes Procès verbaux, en
ordonnant néanmoins que ces Communautez, &
toutes

toutes les autres du Pays feroient parapher dans deux mois les feüilles qui se trouvent en blanc de leur Cadastres par le Juge des lieux, les Procureurs ou Commis du Fermier presents ou dûëment appellez, ou par les Procureurs ou Commis du Fermier, le tout sans frais; ce qui sera pareillement observé à l'avenir à chaque mutation du Timbre.

Cet Arrêt, dont l'execution demande une attention particuliere dans le changement du Timbre, a été levé par le Pays, signifié au Fermier, qui a en consequence satisfait à la moitié des dépens qui se trouvent entre les parties compensez. Nous l'avons fait imprimer, pour en envoyer des copies à toutes les Communautez, avec une Lettre circulaire, pour qu'elles ayent à s'y conformer. Et pour remplir tout d'un coup l'interêt des Communautez & leur éviter des frais, il a été fait injonction au Fermier en nôtre nom l'assister, ou ses Procureurs ou Commis, à ce paraphement, si mieux il n'aime le faire par ses Procureurs ou Commis : formalité essentielle qu'il faudra être attentif à remplir à chaque mutation du Timbre, pour que les Communautez ne soient pas exposées à des contraventions.

Il est à observer que la Communauté de Saint

Chamas, qui avoit été la premiere attaquée, &
dont nous avions pris la deffenſe, s'étant accom-
modée pendant le procès avec le Fermier, il n'en
a plus été queſtion dans le Jugement.

Le Sr de Blair Receveur des Conſignations, qui
avoit repris l'inſtance formée par le feu Sieur de
Blair ſon pere, en caſſation au Conſeil, de l'Arrêt
rendu par la Cour de Parlement de ce Pays le 23.
Juin 1724. qui le déboute de ſa prétention à
étendre ce droit ſur les ventes volontaires qui ſont
faites par les débiteurs faillis ou diſcuſſionnez,
avec le conſentement de leurs créanciers, n'ayant
pû juſques à preſent ſe flatter d'un ſuccès favo-
rable dans ce procès, s'eſt imaginé de prendre une
route par où, en ſe frayant un chemin & plus
court & plus facile pour ſe mettre à couvert de
l'incertitude de l'évenement, il pût parvenir avec
ſûreté à ſon but.

Il a voulu pour cela demander une Declaration
adreſſée au Parlement, conforme au projet qu'il
en a lui-même ſecretement dreſſé, par laquelle Sa
Majeſté ajoutât encore à l'Edit de création de ſon
Office de 1689. à la Declaration interpretative
de 1690. à celle de 1694. & à l'Arrêt du Conſeil du 28. May 1709. des clauſes qui ne ten-
dent à rien moins qu'à détruire l'Arrêt du Parlement du 23. Juin 1724. qu'il avoit attaqué en

caffation, & qu'à introduire des extentions qu'il youdroit donner à fes Droits.

Ces extentions confiftent premierement à foumettre au droit de Confignation les ventes des biens qui font faites par le débiteur faifi , en vertu de main - levée, fi elle n'eft donnée quinze jours francs avant la vente de la chofe faifie.

2° Les immeubles qui font diftraits de l'Inventaire dans les inftances beneficiaires , fur la demande qui en eft faite au Juge par le créancier hypotequaire.

3° Les collocations faites par un feul Exploit, ou les baux en payement par acte devant Notaire, des biens faifis enfuite de Lettres de clameur.

4° Les biens mis fous le fcellé , ou compris dans un Inventaire judiciaire dans les cas de faillite ou de difcuffion generale.

5° Les Adjudications , Options, Collocations ou Baux en payement au profit de l'heritier par inventaire , foit qu'il fe rende adjudicataire des biens de la fucceffion, foit qu'il fe colloque, ou qu'il rapporte des Baux en payement pour le montant de fon dû , ou qu'ayant pris & raporté la ceffion des droits de quelqu'autre créancier, il

le colloque ou opté pour le montant de la créan-
ce à lui cedée.

M. le Controlleur General, à qui le Sr de Blair
s'eſt adreſſé pour obtenir cette Declaration, ayant
envoyé le Projet & le Memoire par lequel le Sr
de Blair pretend la ſoutenir, à M. l'Intendant pour
y donner ſon avis, ces pieces nous ont été com-
muniquées ; nous en avons reconnu l'injuſtice &
l'importance, & nous avons fait dreſſer un Memoire pour en débattre tous les articles, & nous
eſperons que l'avis de M. l'Intendant nous ſera fa-
vorable, & que Sa Majeſté reconnoitra l'injuſtice des pretentions du Sr de Blair

Des procez du Sr. Lieutenant Eymard où le Pays eſt intervenu contre Mr le Commandeur d'Avignon comme Seigneur de Lardiers.

L'Aſſemblée ayant accordé l'intervention du
Pays au Sr d'Eymard Lieutenant au Siege de Forcalquier, dans les deux procès qu'il a contre Mr
le Commandeur d'Avignon, comme Seigneur de
Lardiers : Nous avons fourni au Sieur Bronod
Avocat au Conſeil, les pieces neceſſaires pour leurs
deffenſes.

Des extensions des Commis aux droits de Controlle, Inſinuation & Centiéme Denier.

Les extentions des Commis aux droits de Controlle, nous ont engagé à faire des repreſentations
en differens cas à M. l'Intendant, qui a eu la bonté de les écoûter favorablement : nous lui avons
preſenté deux Requêtes, l'une pour faire ordonner la reſtitution des droits de Controlle & cen-

...me denier exigez par le Commis d'Apt, d'une
...ollocation faite par les heoirs du Sr. Esprit Berard,
...r les biens de Joseph Ribiers, ensuite de l'option
...ar eux faite en qualité de Creanciers de la Com-
...unauté d'Apt, sur la cotte dudit Ribiers, lors
...i departement. Et l'autre pour faire decharger
...s amendes que le Sou-Fermier pretendoit avoir
...é encouruës par des particuliers de St. André,
...us pretexte qu'ils avoient produit dans un Pro-
...s d'Enquête un certificat de pauvreté contre
...ux témoins, sans avoir été controllé, de mê-
...e que par l'Huissier qui en avoit donné copie,
...: le Procureur, contre lesquels il avoit été dreffé
...erbal de contravention, sur lequel il poursuivoit
...condamnation, au préjudice de ce que ce Cer-
...icat n'ayant été produit que par forme d'ex-
...ption & de deffenses, il n'étoit pas sujet au
...ontrolle, suivant la Decision de M. le Con-
...olleur General du mois de Mars 1722.

Prétention des droits de Controlle & amendes pour un Certificat non controllé produit par exception par des particuliers dans un procez.

...Sur la premiere de ces Requêtes il a été rendu
...e Ordonnance contradictoire le 9. Août der-
...ier, qui enjoint au Commis de rendre le droit, à
...oi il a été ensuite satisfait, & à l'égard de l'au-
...e il n'y a pas été statué, attendu que le Sou-Fer-
...nier a abandonné sa prétention en contravention.

Restitution des droits du Controlle & Centiéme denier exigez d'une collocation faite pour cause de département.

UNIVER-
SITE' D'AIX,

De la deman-
de du Sr. Ac-
teur, de la re-
paration de l'E-
difice où se font
les exercices, à
laquelle le Pays
ni la ville d'Aix
ne doivent pas
être tenus ni
contribuables.

La derniere Assemblée nous ayant renvoyé l[e]
Placet qui lui fut presenté par le Sr. Acteur d[e]
l'Université de la Ville d'Aix, pour examiner [si]
le Pays peut être obligé aux reparations qui fon[t]
à faire à l'Edifice où se font les Exercices, pou[r]
lesquelles il demandoit que l'Assemblée lui accor[-]
dât une somme necessaire.

Il fut deliberé que dans le cas où le Pays sero[it]
obligé d'y contribuer, nous menagerions avec l[e]
Conseil de la Ville d'Aix, pour quelle somme l[e]
Pays & la Ville d'Aix, qui en retire le princip[al]
avantage, y contribueroient.

Sur la proposition qui en fut faite au Consei[l]
de la Ville d'Aix, il fut deliberé de consulter [si]
elle pouvoit être obligée à fournir à cette reparatio[n]

En execution de ces Deliberations, il fut dress[é]
un Memoire contenant les raisons que le Pays [&]
la Ville d'Aix pouvoient opposer à cette deman[-]
de, & ensuite fait une consultation, de laquelle [il]
resulte que le Pays ni la Ville d'Aix ne font en au[-]
cune façon tenus, ni contribuables à ces reparation[s]

Nomination
du Sr. Bronod
Avocat au Con-
seil.

Sur la connoissance qui fut donnée à l'Assem[-]
blée particuliere tenuë le 21. Novembre dernie[r]
que le Sr. Bronod Avocat au Conseil pour le Pa[ys]
étoit mort, & qu'il étoit necessaire pour vaqu[er]

ux affaires, de nommer un autre Avocat au Conçeil ; il fut deliberé & donné pouvoir au Sr. Brojod fon fils d'occuper aux Procès que le Pays a ou pourroit avoir dans la fuite au Confeil.

M. le Comte du Muy Commandant dans çe Pays, nous ayant donné connoiffance qu'il devoit paffer dans le mois de Decembre dernier, reize Efcadrons de Cavalerie des Troupes de Sa Majefté Catholique pour fe rendre à Antibes, où elles devoient s'embarquer pour aller en Italie, & qu'il étoit neceffaire que ces Troupes trouvaffent dans les Lieux de leur route, les Vivres & Fourrages dont elles avoient befoin, qui leur feroient fournis en payant fuivant les ordres de la Cour, fur le pied du Taux qui feroit reglé, tant pour la ration de bouche que pour celle de Fourrage, comme il fut pratiqué à l'egard des Troupes qui pafferent dans les mois de Novembre & Decembre 1733. après une deliberation prife enrre nous, Monfieur de Malignon Procureur du Pays, fut deputé avec un des Greffiers des Etats, pour fe porter dans les Lieux de la route d'Aix à Antibes, & le Sr. de Peyrefc Bayol dans ceux de la route de Tarafcon à Aix, pour pourvoir à leur fubfiftance, & fixer le prix des denrées, afin que ces Troupes euffent tout ce qui pouvoit leur être neceffaire, & que les Communautez ne fuffent point en perte.

CAVALERIE Efpagnole.

Deputation de Mr. de Malignon Procureur du Pays, & du Sr. de Peyrefe Bayol, pour pourvoir à fa fubfiftance & fixer le prix des denrées.

La mauvaiſe recolte de l'année derniere & des deux precedentes, nous ont obligé à prendre des precautions pour attirer, & pourvoir le Pays de bled, & éviter le ſur-hauſſement du prix.

Pour y parvenir nous avons en execution des Deliberations des Aſſemblées particulieres des 13. Décembre dernier, 10. & 18. Janvier ſuivant, fait acheter à Lyon, & en Bourgogne, & en Languedoc par nos prepoſez, & enſuite des traitez faits avec pluſieurs Negocians, la quantité de onze mille deux cent trente charges de bled à differents prix, dont nous avons pourvû la plus part des Communautez, par la diſtribution qui leur en a été faite à Taraſcon par le Sr. Graſſet ſecond Conſul, à Aix par le Sr. Alpheran Conſulaire, chargé du Grenier d'abondance que nous y avons établi, à Frejus, Cannes, & à Antibes & St Tropez, par les envoys qui leur ont été faits par mer, pour fournir aux Vigueries de Draguignan, Lorgues & Graſſe.

Quelque attention qu'on ait eu à éviter la perte ſur ces bleds, on n'a pû cependant s'en mettre à couvert ; car il paroît par le compte rendu par le Sieur Alpheran, que le Pays y a perdu environ trente-trois mille livres, ſoit à cauſe des dépenſes qu'il a falu faire pour le payement des voitures & des Employez, ſoit à cauſe des

Ventes qui en ont été faites au-deſſous du prix de celui qui étoit dans le Pays.

Mais quoique cette perte ſoit aſſez conſiderable, elle eſt néanmoins infiniment au-deſſous des avantages que le Public en a retiré, puiſqu'il a été pourveu d'une denrée auſſi neceſſaire dont il auroit indubitablement manqué, & que l'on a arrêté le ſur-hauſſement du prix du bled qui n'auroit point eu de bornes.

La derniere Aſſemblée nous ayant donné pou- *DIXIEME.* voir d'examiner ſi dans la terre de Champourcin *Décharge de la* il n'y avoit pas des biens roturiers, & dans ce *cottiſation du* cas, de décharger ce Lieu de la ſomme pour la- *lieu de Cham-* quelle il a été compris, dans la repartition du *pourcin.* Dixiéme ; Nous avons pris à cet effet les éclairciſſemens neceſſaires, deſquels il reſulte, que par Deliberation de l'Aſſemblée generale de 1714. il fût arrêté, que conformément à celles des Aſſemblées generales de 1674. & 1691. le Lieu de Champourcin devoit deffinitivement être tiré de l'Affoüagement, & que dans les procès verbaux des Sʳˢ. Commiſſaires deputez pour l'Affoüagement de la Viguerie de Digne en 1728. il n'y eſt fait aucune mention du Lieu de Champourcin, comme d'un lieu qui dût être nouvellement affoüagé, n'y ayant aucun nouveau bail poſterieur à la Deliberation de 1714 : Ces éclairciſſemens raportez à l'Aſſemblée particuliere du 13. Decembre dernier, il y fût deliberé, de decharger le Lieu de Champourcin de la ſomme pour laquelle il a été compris dans la répartition du Dixiéme, & qu'elle ſeroit paſſée en répriſe dans le Compte du Sieur Treſorier des Etats.

AGENT des Affaires du Pays.

Survivance en faveur du Sieur Roux.

Sur ce qui fût repreſenté à la même Aſſemblée du 13. Decembre dernier, que le ſieur Guion Agent des affaires du Pays n'étoit plus en état d'agir avec l'exactitude qui convient aux interêts du Pays, & qu'il convenoit de jetter les yeux ſur quelqu'un qui pût agir à ſa place, en lui conſervant néanmoins tous ſes émolumens ſa vie durant.

L'Aſſemblée delibera ſous le bon plaiſir de celle-ci, d'accorder au ſieur Roux employé depuis long-tems au Greffe du Pays, la ſurvivance de l'Agence du Pays dont il exerceroit les fonctions, en reſervant neanmoins au ſieur Guion ſes émolumens ſa vie durant.

En conſéquence de cette Deliberation, le ſieur Roux a fait toutes les fonctions d'Agent du Pays, & a rempli cette place avec toute l'exactitude & le zéle que l'on peut deſirer.

Reduction des Capitations de Mr de Pontis d'Urtis.

Le ſieur de Pontis ayant raporté une Ordonnance de feu Mr. Lebret du 15. Fevrier 1734.

par laquelle tous les arrerages de capitations qu'il devoit depuis 1712. jusques & compris 1733. ont été moderez à la somme de cent cinquante livres, & moyenant ce, il est déchargé du surplus des taxes qui lui étoient imposées dans les rolles des Capitations des possedans fiefs de la Viguerie de Sisteron.

Sur la connoissance qui en fût donnée à l'Assemblée particuliere du 10. Janvier dernier, il fût deliberé que sans tirer à conséquence il seroit acquiescé à l'Ordonnance de feu M. Lébret, & que le Sr. d'Urtis seroit déchargé de ses capitations depuis 1712. jusques & compris 1733. en payant la somme de cent cinquante livres avec interêts depuis le jour de l'Ordonnance & les dépens ; & qu'à l'égard des interêts prétendus par le Receveur de la Viguerie, il y seroit pourvû, en raportant les exploits de diligence qu'il a faits.

Mr. le President de Bruë étant débiteur à la discussion du Sr. de Creyssel de la somme de dix-sept cent soixante-dix livres quinze sols, sur laquelle le Pays devoit lui tenir compte de huit cent soixante-neuf livres deux sols six deniers du montant du prix des foins, pailles, & grains que les ennemis lui enleverent en 1707 : L'on en est venu à compte, & par le resultat, ce qui se trouvoit dû au Pays en principal interêts & depens fût reglé à la somme de deux mille livres.

Cette affaire portée à l'Assemblée du 10. Janvier dernier, il y fut deliberé & donné pouvoir au Sr. Jaulne curateur de cette discussion, de terminer cette affaire moyenant le payement de la somme de deux mille livres.

De la folle-en-chere de la réparationdu chemin de l'Aurade.

La folle-enchere de ce qui restoit à faire au chemin de l'Aurade, dont la réparation avoit été donnée à prix-fait au Sr Lachaux, ayant engagé le Pays à une dépense de trois mille six cent vingt-cinq livres, au-delà de celle de trente-un mille neuf cent cinquante livres, du montant de son prix-fait; nous avons obtenu une Ordonnance de M. l'Intendant du 5. Janvier dernier, portant contrainte contre lui pour cette somme, en consequence de laquelle, & faute de payement, sur le commandement à lui fait, il a été procedé à une saisie sur lui entre les mains des Srs. Consuls de Tarascon pour le payement de cette somme & des dépens, par exploit du 17. Janvier dernier.

Sur la signification de cette Ordonnance le Sr. Lachaux ayant prétendu qu'il avoit fait des augmentations d'ouvrage ensuite des ordres de M^rs. les Procureurs du Pays nos prédecesseurs, il donna Requête à M. l'Intendant pour qu'il lui en fût tenu compte sur l'estimation & liquidation qui en seroit faite par le Sr. Vallon, qui ensuite de

Ordonnance renduë ſur cette Requête , les a
valüées à douze cent neuf livres douze ſols
x deniers ; enſorte que déduction faite de cette
omme ſur celle de trois mille ſix cent vingt-cinq
vres, le Sr. Lachaux ne reſteroit plus débiteur
ue de deux mille quatre cent livres & des dé-
ens executifs ; mais nous ayant repreſenté, que
 ſieur Vallon n'avoit pas eu égatd à diverſes au-
es augmentations d'ouvrage , ni à differens do-
ages qu'il ſouffroit par des materiaux dont il
étoit muni, & dont il n'avoit pû ſe défaire qu'à
rand marché : Nous deliberames verballement
ans une Aſſemblée particuliére du Pays ſous le
on plaiſir de celle-ci, que moyenant la ſomme
e deux mille livres le ſieur Lachaux ſeroit en-
iérement quitte envers le Pays : laquelle ſomme
oit être acquittée par la Communauté de Ta-
aſcon ſur celles qu'elle doit au ſieur Lachaux en-
uite des arrêtemens que nous lui en avons fait.

Les Entrepreneurs du rétabliſſement du Pont
e Digne ſur la Riviére de Bleoune negligeant
urs obligations, Nous avons preſenté une Requête à M. l'Intendant, ſur laquelle il a été ren-
u une Ordonnance le 8. Juillet dernier, portant
que dans deux mois ils acheveront leur prix-fait,
inon , permis de l'expoſer & le delivrer à la folle
nchere, qui a été publiée en conſéquence d'une
ouvelle Ordonnance du 7. Octobre dernier,

faute par lesdits Entrepreneurs d'y avoir mis la main.

Des poursuites contre les Entrepreneurs du chemin de Mallemort à Cavaillon.

Les mêmes poursuites ont été faites à l'égard des Entrepreneurs du chemin de Mallemort à Cavaillon passant par Gardet, à qui il a été signifié le 26. du mois de May dernier, l'Ordonnance contre eux obtenuë le 25. du même mois, portant que ce qui reste à faire de cette reparation sera aussi exposé & delivré à la folle enchere faute de l'avoir entiérement achevé dans trois mois. Ceux-ci se sont ensuite mis en état d'y travailler, & font esperer qu'ils rempliront leurs obligations.

Chemin de St maximin à Bras dont la reparation a été faite par le Pays sur l'inexecution de l'ordre donné à cet effet aux Consuls de St. Maximin.

Sur l'inexecution de l'ordre qui fut donné aux Consuls de Saint Maximin, dans le mois de Septembre de l'année derniere, par un de Nous Procureurs du Pays, étant en route pour la visite du chemin de Brignole à Draguignan, de faire mettre aux encheres la réparation à faire au chemin de Saint Maximin à Bras, aux dépens de la Viguerie, attendu que le prix de cette réparation, dont il fut dressé Devis estimatif par le Sr. Vallon, n'excedoit pas le contingent de la Viguerie & celui des Communautez de St. Maximin & de Bras.

Il fut deliberé dans l'Assemblée particuliére du 26. Fevrier dernier, que les Consuls de St Maximin feroient mettre cette réparation aux encheres dans un mois, autrement qu'elle seroit faie par le Pays aux dépens de la Viguerie, du montant de laquelle il feroit laxé exigat.

Cette Deliberation ayant été renvoyée aux Con-fuls de Saint Maximin, ils n'y ont point fatisfait, & l'on a été obligé de la faire executer par le Pays.

Pareils ordres ayant été donnez l'année dernie-re aux Vigueries de Tarafcon, Digne & Mouf-tiers, pour la réparation du chemin de St Remy à Orgon, & la conftruction d'un petit pont dans le terroir de Saint Remy, fur le même chemin.

Pour la réparation du chemin de Mirabeau à Thoard Viguerie de Digne ; pour celle du che-min de Greoux à Valenfolle, fur la connoiffance qui fut donnée à la derniere Affemblée generale de l'inexecution de ces ordres, elle ordonna que les Confuls Chefs de ces Vigueries y fatisferoient dans un mois, paffé lequel les réparations fe-roient faites par le Pays, du montant defquelles il feroit laxé exigat contre ces Vigueries pour ce qui les conceme & contre les Communautez pour leur contingent, en conformité du Reglement de 1687.

Cette Deliberation a été pleinement executée, en forte que les réparations ont été faites confor-mément aux ordres qui avoient été donnez.

<table>
<tr><td>Le Sr Bermond Me. Chirurgien Lithotomiſte.
Contrat paſſé pour l'operation de la Taille, comme celui du Sr Le Clerc.
ELEVES.</td><td>

En execution de la Deliberation de la derniere Aſſemblée generale, il a été paſſé un Contrat le 4. Janvier dernier, avec le Sr Bermond Chirurgien Lithotomiſte, en conformité de celui qui fut paſſé au Sr Le Clerc autre Chirurgien Lithotomiſte, le 9. May 1733. pour l'attacher & le fixer en ce Pays, comme l'autre, pour l'operation de la Taille : Et comme il eſt porté par ce contrat que l'un & l'autre de ces Chirurgiens feront des Eleves, il leur en fut donné huit par Deliberation de l'Aſſemblée particuliere du 26. Fevrier dernier ; leſquels Eleves ont été requis de donner bonne & ſuffiſante caution pour trois cent livres.

</td></tr>
<tr><td>MALADIE Epidemique
Voyages, viſites, & raports des ſieurs Joannis Medecin, & le Clerc Chirurgien.</td><td>

Une maladie épidemique & populaire dont le lieu de Reillanne fut atteint, nous obligea à prendre des meſures pour en connoitre la nature & la veritable cauſe, & pour pourvoir à ce qui ſeroit neceſſaire pour en arrêter le cours.

Nous y envoyames le ſieur Joannis Medecin, & le ſieur le Clerc Chrirurgien, qui après une exacte viſite des malades, les obſervations qui fûrent faites ſur les cadavres qui furent ouverts, & les remedes qui fûrent ordonnez, nous raporterent que nous pouvions être tranquilles, & que cette maladie ne venoit que de la mauvaiſe nourriture que les habitans de Reillanne avoient pris pendant l'hyver.

</td></tr>
</table>

Cependan

Cependant la même maladie ayant attaqué Au-
agne & Cuges, où il mouroit bien du monde,
ur les avis que nous eumes de ses progrès, &
e la grande misere qui y regnoit ; nous fimes
artir le sieur Joannis & le sieur le Clerc pour al-
er visiter les malades ; nous remimes au sieur
oannis une somme de quatre cent quatre-vingt
vres pour secourir les miserables, dont il remit
elle de trois cent quatre-vingt-quatre livres au
uré & aux Consuls de Cuges, dont il rapporta
uittance au bas de l'Etat des malades qui étoient
ans la plus grande misere.

Nous primes encore dans le même tems les
mesures necessaires pour envoyer à Nice, où cet-
e maladie regnoit, le Sr Mets Medecin de Gras-
e, pour y faire raport de l'état de cette maladie,
ur lequel, de même que sur celui des Srs Joan-
is & le Clerc, l'on se rassura sur les craintes que
ausoit le bruit de cette maladie, qui a occasion-
é, tant pour les honoraires de ces Medecins,
eurs voitures & dépense, que pour le secours
onné au lieu de Cuges, une dépense d'environ
ouze cent livres.

Le Roy ayant trouvé à propos de faire lever
n Provence quatre cent Mulets pour le service de
'Armée d'Italie, dont trois cent cinq furent re-
cnus par le Munitionnaire, qui les prit pour son

MULETS
fournis pour
l'Armée d'Italie

Remboursement
aux Communau-

G

compte le 1ᵉʳ May 1734. en demeurant chargé d'en payer le prix sur l'estimation qui en fut faite, quarante-deux sont morts au service, & cinquante-trois ont été rendus à qui ils apartenoient.

Le payement de ces Mulets, de même que de leurs journées, nous ayant été demandé par les Communautez & par les particuliers qui les ont fournis, nous en avons sollicité le remboursement, & Sa Majesté a eu la bonté d'en faire remettre les fonds au Pays, ensuite de quoi, & sur l'Etat qui en a été dressé, le remboursement en a été fait par le Tresorier des Etats, aux Communautez qui les avoient fournis, sur le pied de l'estimation qui en fut faite avant leur depart.

Les Epices de tous les comptes du Dixiéme, dont la levée fut ordonnée par la Declaration du Roy du mois d'Octobre 1710. & dont l'abonnement fut reçû & fixé à la somme de cinq cent mille livres par Arrêt du Conseil du 26. May 1711. ayant été reglées pour les sept années, pendant lesquelles cet abonnement eut lieu à la somme de six mille livres par une convention qui fut passée entre Messieurs de la Cour des Comptes & Messieurs les Procureurs du Pays.

Pour se conformer à ce qui fut pratiqué alors à l'égard des comptes de la nouvelle imposition du Dixiéme, dont la levée a été ordonnée par la Declaration du Roy du 17. Novembre 1733. & qui a été abonnée par Arrêt du Conseil du 2. Juin 1734. à la somme de cinq cent cinquante mille livres par an.

Après avoir pris des instructions sur la manieres dont il en a été usé en Bourgogne & en Languedoc, où le Dixiéme a pareillement été abonné, il a été passé une nouvelle convention le 5. Juin dernier, entre Messieurs de la Cour des Comptes & Nous, par laquelle il est porté que les Epices de chacun des comptes du Dixiéme qui seront annuellement rendus, demeureront reglées & fixées à la somme de huit cent cinquante-sept liv. pour chaque année, nonobstant que par la Declaration du Roy du 10. Mars 1714. Messieurs de la Cour des Comptes eussent droit de les pretendre sur le pied du trois-centiéme denier, & du vingtiéme en sus de la recette effective, & que le droit de *Ponenda & Retinenda* de ces comptes sera aussi annuellement fixé sur la somme de huit cent cinquante-sept livres, à la maniere accoûtumée.

Le procès qui étoit pendant au Parlement entre le Pays & les Echevins de la Ville de Marseille, & le Sieur Blaize Marin & consorts de ladite Ville de Marseille, au sujet du bornage des terroirs de la même Ville & de la Penne d'Aubagne, dont la

Du procès d'entre le Pays, la Ville de Marseille & les Srs. Marin & consorts, au sujet du bornage des ter-

toirs de Mar-
seille & de la
Penne d'Aubag-
ne qui a été ter-
miné par Arrêt
d'Expedient.

décision avoit été rémise à Messieurs le Président de Piolenc & Conseiller de Jouques, qui duroit dépuis si long-tems, se trouve terminé par l'Expedient qui a été offert ensuite de l'avis de ces Messieurs, par lequel le Pays en abandonnant environ cinquante quarterées de terrein, conserve tout celui qu'on prétendoit faire declarer du terroir de Marseille.

Cet Expedient a été reçû & remis au Greffe du Parlement le . . . de ce mois de Novembre.

MESSAGER
& Serviteur
du Pays.

Survivance ac-
cordée à Ale-
xandre Fabre.

Le nommé Pierre Fabre Messager & Serviteur du Pays ayant représenté à la même Assemblée du 10. Janvier dernier, que son âge ne lui permettoit pas d'agir avec autant d'activité qu'il y seroit porté par son zéle, & suplié l'Assemblée d'accorder à Alexandre Fabre son fils la survivance de sa place, elle lui fut accordée sous le bon plaisir de cette Assemblée, à condition que son Fils l'aideroit dans ses fonctions, & qu'il ne joüiroit des gages & émolumens qu'après le decez de son Pere.

Deliberation.

L'Assemblée a approuvé tout ce qui a été fait par Messieurs les Procureurs du Pays, & les a remercié de tous les soins qu'ils ont pris durant leur administration ; elle a prié ledit Sr Assesseur de vouloir reprendre dans une autre Séance toutes les affaires qui meritent une Déliberation plus expreſſe ; ayant ratifié la Déliberation qui accorde au Sr Roux la ſurvivance de la Charge d'Agent du Pays, exercée par Me Guyon Notaire, du 13. Decembre 1734.

Du 16. dudit mois de Novembre de relevée.

Onſieur d'Albert Aſſeſſeur d'Aix Procureur du Pays a dit, qu'il a fait mention dans ſa Relation de la réponſe que Sa Majeſté a fait à l'article troiſiéme du Cayer des Remontrances, au ſujet des quatre mille livres que le Pays paſſe dans la liquidation de la Communauté de Toulon, pour le creuſement de ſon Port, de laquelle il reſulte, *que Sa Majeſté ſe fera rendre compte de l'emploi des ſommes deſtinées à ce creuſement ;* ſur quoi il croit neceſſaire d'obſerver à cette Aſſembiée, que la Déliberation priſe dans la derniere Aſſemblée generale ſur cette affaire, avoit deux parties ; la premiere, de faire de très-humbles remontrances à Sa Majeſté, pour faire décharger le Pays à l'avenir de la dépenſe de quatre mille livres, & les Communautez voiſines dudit Toulon, de celle de deux mille livres qu'elles ſont obligées de contribuer pour le même fait, avec d'autant plus de raiſon, qu'il leur paroiſſoit ſuffiſamment conſtaté que la dépenſe de douze mille liv. qui avoit dû être faite annuellement depuis 1704. juſques à preſent, devoit ſuffire pour le creuſement de ce

TOULON.

Creuſement & curage de ſon Port.

Compte des fonds à ce deſtinez, & remontrances pour décharger le Pays & les Communautez qui contribuent à cette dépenſe.

Port , & que n'y ayant plus d'autre objet que d'entretenir la profondeur du Port par un curage annuel , cette charge ne devoit retomber que fur la feule Communauté de Toulon , attendu que, fuivant l'ufage de ce Pays , les Communautez en faveur defquelles le Pays contribuë au creufement de leur Port , font obligées à l'entretien une fois que le port a la profondeur neceffaire : Par la feconde partie de cette Déliberation , il étoit porté que Meffieurs les Procureurs du Pays prefenteroient Requête à M. l'Intendant , pour obliger les Confuls de Toulon à donner leur Compte de cette dépenfe depuis l'année 1704. fauf d'en débattre les articles qui ne feront pas pour le creufage & curage du Port , pour ledit compte jugé , repeter de la part de la Communauté de Toulon , ce qu'elle aura indûëment exigé , tant de la part du Pays , que des Communautez voifines. A prefent que le Roy fait dépendre la réponfe aux remontrances de l'évenement du compte qui doit être rendu de l'emploi des douze mille livres , Il convient encore mieux d'executer la feconde partie de la Déliberation prife l'année derniere , avec d'autant plus de raifon que l'execution de l'Arrêt du Confeil de l'année 1704. rendu en contradictoires deffenfes , avec la Communauté de Toulon , en renvoye l'execution à M. l'Intendant de Juftice, Police & Finances de ce Pays.

Sur laquelle proposition l'Assemblée a délibé- *Deliberation.*
é, qu'en conformité de ce qui fut resolu l'année
derniere, Messieurs les Procureurs du Pays presen-
eront requête à M. l'Intendant pour obliger les
ieurs Consuls de Toulon a donner le compte par-
levant lui, de l'emploi annuel de la somme de
douze mille livres fixée pour un tems limité par
Arrêt de 1704. pour le creusage & curage du
Port de Toulon, pour être ledit compte debattu
ux formes de droit ; & après qu'il aura été jugé,
l sera fait de nouvelles remontrances à Sa Majesté
pour faire decharger le Pays & les Communautez
voisines de Toulon des six mille livres qu'elles
contribuent à cette dépense.

Ledit Sr Assesseur a dit, que par la réponse faite *DIXIEME.*
par Sa Majesté au cinquiéme article du Cayer des
Remontrances au sujet de la répartition du Dixié- *Nouvelles re-*
ne, il étoit porté, *que cette répartition ne de-* *montrances pour*
voit pas se faire sur le seul Affoüagement ; qu'il *la revocation des*
étoit necessaire d'y faire aussi entrer le commer- *Arrêts du Con-*
e, l'industrie, le nombre d'habitans, & plu- *seil, portant ré-*
sieurs autres considerations particulieres ; que *partition de cet-*
'est ce que l'on observa dans la premiere répar- *te imposition.*
ition du Dixiéme qui fut faite en 1711. *par*
feu M. l'Intendant, & qu'il en a été usé de
même dans celle qui est contenuë dans les Arrêts
du Conseil des 2. *Juin &* 13. *Juillet* 1734. *du*
Dixiéme ordonné par la Declaration du 17.

Novembre 1733. *qui d'ailleurs se trouvoit conforme à une Deliberation des Procureurs du Pays du* 22. *May* 1734. *Au surplus que le fonds qui doit provenir de cette imposition étant destiné aux dépenses de la Guerre, l'intention du Roy est que lesd. Arrêts de son Conseil des* 2. *Juin & * 13. *Juillet* 1734. *continuent d'être executez par provision, Sa Majesté se reservant, au cas que l'Assemblée des Communautez, ou les Procureurs du Pays de Provence, proposent quelques changemens particuliers, de les faire examiner dans son Conseil, & d'y pourvoir en connoissance de cause.* De cette réponse il en résulte que l'on a regardé comme constant que la répartition executée en 1711. est la même que celle qui fut faite par feu M. Lebret ; cependant il est certain que feu M. Lebret en avoit fait une sur les connoissances particuliéres qu'il avoit, & qu'il communiqua à Messieurs les Procureurs du Pays d'alors, qui n'eut aucune execution, & que ceux-ci en firent une seconde sur les principes les plus certains qu'ils pouvoient avoir dans ce tems-là : Ces principes furent premierement de cotiser chaque Communauté pour la même somme provenant de la retenuë du Dixiéme des interêts qu'elles faisoient à leurs créanciers ; & à l'égard du restant de leur contingent, il fut rempli par une imposition de soixante livres par feu, sur le pied de l'Affoüagement qui subsistoit alors. Cette operation ayant
été

té combinée avec celle qui avoit été faite par
eu M. Lebret, on prit la moitié de la somme
otale que compofoient ces deux operations; &
ette moitié fut la cottifation de chaque Commu-
auté, dans la repartition qui fut executée: ainfi
n ne peut pas donner pour certain que la repar-
tion executée en 1711. fût le feul ouvrage de feu
M. l'Intendant, puifque chacun y avoit contribué
e fon côté; feu M. Lebret, par des principes dont
a connoiffance n'eft pas parvenuë jufqu'à nous,
ais qui de toute neceffité avoient été commu-
iquez à Meffieurs les Procureurs du Pays d'alors,
uifqu'ils convinrent d'unir les deux operations; &
Mrs les Procureurs du Pays, par des principes cer-
ains que l'on a déja expofé. Il réfulte encore de
ette réponfe, que l'interêt de Sa Majefté & la
eftination des fommes provenant de cette impo-
tion en doivent accelerer le recouvrement; que les
ommes pour lefquelles lefdites Communautez font
ottifées dans les deux Arrêts du Confeil dont il
agit, font les mêmes que celles que porteroit
ne operation qui auroit été faite enfuite de la dé-
ermination prife dans une Affemblée particuliere;
& qu'enfin fi l'Affemblée des Communautez, ou
Meffieurs les Procureurs du Pays propofent quel-
ue changement à faire dans les deux Arrêts du
Confeil, Sa Majefté fe referve de le faire exami-
er pour y ftatuer avec connoiffance de caufe; fur
uoi il doit faire obferver à l'Affemblée que quoi

que cette réponſe n'accorde pas la demande qui avoit été faite par le Pays dans les remonſtrances, on ne peut pas dire qu'Elle condamne la pretention de l'Aſſemblée, puiſque d'un côté on a tablé ſur des faits qui ne ſont pas certains, & dont il vient de faire voir l'équivoque : Et en ſecond lieu, le Roy propoſe luy-même un moyen pour remedier aux inegalitez qu'il peut y avoir dans la répartition faite dans les deux Arrêts de ſon Conſeil ; étant à cette Aſſemblée à déterminer la voye que Meſſieurs les Procnreurs du Pays doivent prendre.

Déliberation.   Sur laquelle propoſition il a été unanimément deliberé de faire de nouvelles remontrances à Sa Mejeſté pour obtenir la revocation deſdits Arrêts du Conſeil des 2. Juin & 13. Juillet 1734. & qu'il ſera permis à Meſſieurs les Procureurs du Pays Nez & Joints, de faire executer une nouvelle répartition du Dixiéme, de la ſomme competant aux Communautez qui entrent aux charges du Pays, en conformité des uſages & privileges dud. Pays, & ſans retardation des payemens des ſommes dûës à Sa Majeſté à l'occaſion de l'abonnment fait par le Pays pour le Dixiéme.

Trois ſols pour livre ſur les Epices du compte du Pays & ſur le Ledit Sieur Aſſeſſeur a dit, que le Fermier des droits reſervez ayant pretendu les trois ſols pour livre ſur les épices que la Chambre des Comptes prend pour l'audition du compte du Pays & fur le denier pour livre de la Comptabilité que chaque Communauté paye à Meſſieurs de la Chambre des Comptes annuellement lors de la remiſſion des comptes des Treſoriers particuliers des Commu- nautez, Meſſieurs les Procureurs du Pays s'oppo- ſerent à cette nouveauté, attendu la conſequence ; & le Fermier s'étant pourvû à M. l'Intendant pour raiſon de ce, il a été rendu une Ordonnan- ce qui adjuge au Fermier ſa demande, enſuite d'une déciſion de M. de Baudry Intendant des Fi- nances, fondée ſeulement ſur cette diſtinction, qu'il n'y a d'exempt des droits reſervez que les Epices pour leſquelles Sa Majeſté met fonds : mais outre que le Pays a des raiſons très-ſolides pour oppoſer à cette pretention du Fermier, la raiſon de decider de M. de Baudry devroit ſuffire pour faire debouter le Fermier ; car bien que le Roy ne mette pas fonds dans ſes Etats pour le payement des Epices, comme il s'agit dans l'un & dans l'autre cas d'un compte de deniers preſ- que tous deſtinez pour le ſervice du Roy & à la decharge de l'Etat, & qui ont la même faveur & les mêmes privileges que les droits Royaux, il ſemble que les Epices de pareils comptes doivent avoir la même exemption des droits reſervez, ſuivant le principe établi.

denier pour liv. de la comptabi- lité, pretendus par le Fermier.

REMON- TRANCES.

Sur laquelle propoſition il a été deliberé qu'il *Déliberation.*

sera fait article dans le cayer des très-humbles re-montrances, pour demander la révocation de cette Ordonnance, & la decharge des droits reservez sur les Epices du compte du Pays & des deniers de la Comptabilité.

Placets des Communautez du Martigues, Châteauneuf-d'Opio & Cagnes rejet-ez.

Ledit Sr Affesseur a dit, qu'il a été presenté des placets à l'Assemblée par les Communautez du Martigues Viguerie d'Aix, de Châteauneuf-d'Opio Viguerie de Grasse, & par celle de Ca-gnes Viguerie de St. Paul, dans lesquels ces Com-munautez exposent que leurs charges excedent de beaucoup leurs revenus, quoi qu'elles ayent toûjours fait des impositions au-delà de leurs forces, & demandent que l'Assemblée commette des Com-missaires pour aller constater sur les lieux, leur ve-ritable état; étant à cette Assemblée à y deliberer.

Deliberation.

Et après qu'il a été fait lecture desdits placets, l'Assemblée n'a pas trouvé à propos d'y statuer, attendu qu'on a eu égard lors du dernier Affoüa-gement dont la datte est toute recente à la situation de ces Communautez; & qu'il n'y a eu aucun changement du depuis qui puisse meriter un nou-vel examen.

ANCIENS arrerages.

Demande d'en être les Commu-nautez debi-

Ledit Sieur Affesseur, a dit, que les Commu-nautez debitrices des anciens arrerages dûs au Pays dans le tems de la regie de la Caisse, font encore à cette Assemblée la même demande qu'elles ont

ite aux precedentes Assemblées, qui est le quittus
e ces anciens arrerages, ou tout au moins d'en
ispendre le payement pendant le tems que la guer-
e durera.

L'Assemblée a deliberé, que les deliberations
rises dans les precedentes Assemblées sur ce mê-
ne sujet, seront executées.

Deliberation.

Ledit Sieur Assesseur a representé, que les Communautez qui ont fourni le logement à la Cava-
erie Espagnolle, demandent d'être remboursées
es Ustenciles par elles fournies à ces Troupes,
c d'être indemnisées de la perte qu'elles ont supor-
é par la diminution du prix de l'Avoine, Orge,
c Fourrage dont elles avoient fait provision à
occasion de ce passage, ensuite des ordres de feu
M. Lebret, de M. le Comte du Muy, & de Mes-
ieurs les Procureurs du Pays; lesquelles provisions
lles ont été obligées de vendre à un plus bas prix
u'elles ne les avoient achetées, attendu que la plus
art de ces Troupes Espagnolles se pourvoyoient
lans les endroits où elles avoient logé le jour pré-
edent.

*CAVALERIE
Espagnolle.*

*L'Ustancile four-
nie à ces Trou-
pes, passée en li-
quidation aux
Communautez.*

Sur laquelle proposition il a été deliberé, que
Messieurs les Procureurs du Pays feront la liquidation de l'Ustencile fournie par les Communau-
ez aux Troupes Espagnolles aux formes ordinaires;

Deliberation.

& à l'égard des Fourrages que les Communautez ont été obligées de vendre pour n'avoir pas été consommez ; il en sera dressé un état par Messieurs les Procureurs du Pays, pour en procurer le remboursement aux Communautez s'il y écheoit.

Du 17. dudit mois de Novembre du matin.

Le Sieur Roux Agent des affaires du Pays, en survivance admis au serment.

Le Seigneur Archevêque d'Aix Premier Procureur Né du Pays, a dit, que l'Assemblée ayant ratifié la déliberarion de l'Assemblée particuliére du Pays, du 13. Decembre 1734. qui accordoit au Sieur Roux la Survivance de l'Employ d'Agent & Acteur des Affaires du Pays exercé par Me. Guion ; il convient de le mander prendre pour lui faire sçavoir la determination de l'Assemblée, & lui faire prêter le serment ; ce qui ayant été deliberé, le Sieur Roux a prêté serment après que le Seigneur Archevêque d'Aix lui a fait entendre ce qui avoit été determiné à son égard, & a pris place.

Le sieur Ricard Greffier des Etats

(Emolumens & pension de 700. livres en faveur du Sr Moricaud son devancier.

Ledit Seigneur Archevêque d'Aix, a dit, que l'Assemblée generale des Communautez tenuë au mois d'Avril 1722. ayant accordé au Sieur Ricard la Survivance de la Charge de Greffier des Etats qu'exerce le Sieur Moricaud, afin qu'il s'instruisît des usages du Pays ; il a taché depuis ce tems de se rendre digne de la confiance des Assemblées par son assiduité à travailler au Bureau du Pays: mais comme la grande vieillesse du Sr Moricaud determina Messieurs les Procureurs du Pays de donner pouvoir au Sr Ricard de faire les fonctions de ladite Charge, signer les expéditions par une Deliberation de l'Assemblée particuliere du mois de May 1734. approuvée par la derniere Assemblée generale, il croit qu'il convendroit de regler une pension pour le Sr Moricaud, qui n'est plus en état d'agir, attendu ses services, & d'accorder les émolumens de la Charge au Sr Ricard, bien entendu que la pension sera prise sur les émolumens de la Charge.

Sur laquelle proposition l'Assemblée a unanimément deliberé, que le Sr Ricard joüira dès-à-present des gages & émolumens de la charge de Greffier des Etats, dont la survivance lui avoit été donnée deja par la Deliberation de l'Assemblée generale du mois d'Avril 1722. & attendu la satisfaction que l'Assemblée a des services du Sr Moricaud, elle lui a accordé une pension annuelle sa vie durant de sept cent livres, qui sera prise & retenuë sur les émolumens de ladite Charge.

Deliberation.

Ledit Seigneur Archevêque d'Aix a dit, que l'Assemblée est suppliée de vouloir accorder au nommé Sarrasin la survivance d'un des emplois de Serviteur du Pays, le premier qui vaquera.

SERVITEURS
du Pays.

Survivance de la premiere place qui vaquera en faveur du nommé Sarrasin.

Déliberation.   Sur quoi il a été resolu que le premier emploi de Serviteur du Pays vacant sera donné au nommé Sarrasin.

GRELE.

Dommage souf-fert par quelques Communautez, sur lequel il sera fait art. dans les remontrances, a-près qu'il sera constaté par les Commissaires qui seront nommez.

Monsieur d'Albert Assesseur d'Aix Procureur du Pays a dit, que les Communautez de la Cadiére, le Bausset, Aups & Guilleaumes ont presenté des placets à cette Assemblée, par lesquels elles representent que le 20. du mois de Septembre dernier, leur terroir avoit été innondé par une si grande quantité de grêles, que tous leurs fruits avoient été non-seulement emportez, mais même que les fonds avoient souffert un dommage si considerable qu'il seroit difficile de le réparer. Les Communautez d'Aups & de la Cadiére ont attaché à leur placets des Rapports faits de l'autorité des Juges des Lieux, qui évaluent la perte des fruits, sçavoir, ceux de la Cadiére à deux cent mille liv. & les fruits d'Aups, à cinquante-quatre mille livres, sans y comprendre le dommage causé aux fonds.

Déliberation.   Sur laquelle proposition, il a été deliberé qu'il sera nommé des Commissaires pour aller constater sur les lieux ce à quoi monte ce dommage, pour en être fait ensuite article dans le cayer des remonstrances à Sa Majesté, & procurer quelque soulagement à ces Communautez.

Maison du Re-   Ledit Sieur Assesseur a dit, que les Recteurs de la

la maison du Refuge de la Ville d'Aix ont presen- *fuge de la Ville d'Aix.*
té un placer à l'Assemblée, par lequel ils exposent
les miseres & les besoins de cette Maison, & la *AUMONE.*
supplient de vouloir continuer l'aumône qui leur
a été accordée par quelques Assemblées.

L'Assemblée, sans tirer à consequence, a ac- *Deliberation.*
cordé à ladite maison du Refuge cent cinquante
livres pour aumône, dont il sera expedié Mandement par Messieurs les Procureurs du Pays sur
le Sr Tresorier des Etats.

Ledit Sieur Assesseur a dit, que la Commu- *TARASCON.*
nauté de Tarascon represente à l'Assemblée, que *Pallieres con-*
le Pays a déja eu la bonté de contribuer aux pal- *tre les irruptions*
liéres qui ont été faites long du Rhône, pour em- *du Rhône.*
pêcher l'irruption de ce fleuve dans son terroir, &
afin d'en retenir les eaux dans son veritable lit; ces
ouvrages ne sont pas contigus l'un à l'autre, &
l'on s'aperçoit journellement que dans l'intervale
d'une palliére à l'autre, les eaux du Rhône y ont
pris leur cours, de maniere qu'il est dangereux
que ces Palliéres ne soient bien-tôt isolées, & ne
devienent inutiles : surquoy il est à remarquer,
que lorsque le Pays a contribué à la dépense de ces
ouvrages, c'étoit à condition que la Communauté
seroit chargée à perpetuité de l'entretien; aussi la
Communauté de Tarascon expose qu'elle a satisfait à son obligation, puisque la reparation qu'on

demande à prefent, & dans laquelle elle fuplie le Pays de vouloir entrer, eft une continuation de ces mêmes Palliéres pour les joindre les unes avec les autres, afin que les eaux ne puiffent pas prendre leur cours dans les intervalles, & pour prevenir les conteftations que ces irruptions du Rhône lui caufent avec le Languedoc, dans lefquelles le Pays fe trouve intereffé.

Deliberation.   Sur quoy l'Affemblée a déliberé, que l'un de Meffieurs les Procureurs du Pays fe porteroit fur les lieux avec un des S" Greffiers des Etats & l'Ingenieur du Pays, pour conftater par un Procès Verbal l'utilité de cet ouvrage, & fi la Communauté de Tarafcon a entierement fatisfait à fes obligations, pour être enfuite ftatué à la demande de ladite Communauté ainfi qu'il apartiendra.

Dudit jour 17. *Novembre de relevée.*

DEPUTE' pour la Nobleffe au compte du Pays de 1734.

Subrogation de Mr. de Sartoux Durand dans le cas où Mr. de Combaud député ne pourra pas fe rendre à Aix dans les 15. *premiers jours de l'ouverture dud. compte.*

LE Seigneur Archevêque d'Aix, a dit, que la derniere Affemblée generale nomma le Sieur François de Chieuffe Ecuyer, Sieur de Combaud & de Roquebrune, premier Conful & député de la Communauté de Lorgues, pour affifter de la part de la Nobleffe au compte de l'année derniere 1734. dont l'examen doit commencer le 23. de ce mois ; cependant on a apris qu'il étoit à craindre que ce député ne pût pas fe rendre à l'examen de ce compte, attendu qu'il a été attaqué d'un accident d'apoplexie, qui l'a mis dans un état à ne pouvoir pas assister à ce compte, & comme il seroit de consequence qu'il n'y eût aucun députe de la part de la Noblesse au compte de 1734. pour prévenir cet inconvenient, il seroit à propos que si le Sr. de Combaud ne peut pas se rendre à Aix dans les 15. premiers jours de l'ouverture dud. compte, l'Assemblée subrogeât quelqu'un à sa place, en gardant néanmoins la regle prescrite par le Reglement des Etats, qui est de choisir ce députe parmi le nombre des Gentilhommes possedans Fiefs, qui étoient députez à l'Assemblée de l'année derniere, où la nomination a été faite : Dans cette idée il a l'honneur de proposer à l'Assemblée le Sr. de Durand Ecuyer Sr. de Sartoux, premier Consul & député de la Communauté de Grasse, à l'Assemblée de l'année derniere 1734

Sur laquelle proposition l'Assemblée a unanimément subrogé pour la députation au compte de 1734. de la part de la Noblesse , le Sr. de Durand Ecuyer, Sieur de Sartoux premier Consul & député de Grasse, à l'Assemblée de 1734. dans le cas où le Sr. de Combaud ne pourra pas se rendre à Aix dans les 15. premiers jours après l'ouverture du compte. *Deliberation.*

Ledit Seigneur Archevêque d'Aix, a dit, que suivant le même Reglement des Etats, il doit être *Deputation au compte du Pays de 1735.*

fait la même députation pour affifter au compt
de la prefente année 1735. avec les premiers Confuls des Communautez fuivant le tour de rôlle,
ayant propofé à l'Affemblée le Sr. de Gajot d
Montfleury, premier Conful & député de la Communauté de Lambefc.

Deliberation. Sur quoy l'Affemblée a unanimément nomm
le Sr. Jean-François de Gajot Ecuyer, Sr. d
Montfleury, premier Conful & député de la Com
munauté de Lambefc, pour affifter de la part de l
Nobleffe au compte de la prefente année 1735
avec les premiers Confuls des Communautez d'An
not & de Colmars, qui fe trouveront en exercic
lors de l'ouverture dudit compte, auquel affifte
ront auffi ceux qui ont accoûtumé d'y être pa
les fonctions de leur Charges, fuivant le Regle
ment des Etats.

Parties rayées. Monfieur d'Albert Affeffeur d'Aix, a dit
qu'enfuite de l'article 42. du Bail de la Tréforé
rie le Sr. Gautier Tréforier des Etats lui a rem
un Etat des parties rayées par la Cour des Comp
tes, dans le compte par lui rendu à la Chambre
de fa geftion de 1733. demandant qu'il lui en fo
concedé Acte, & que l'Affemblée remarque qu
toutes les radiations qui ont été faites ne font p
du chef, & ne regardent nullement ledit Sr. Tr
forier, puifque le payement defd. Parties n'a é

fait qu'enfuite des déliberations de pareilles Affemblées, & des Mandemens expediez par Meffieurs les Procureurs du Pays, n'étant ledit Sr. Comptable tenu d'aucun recouvrement, ni fignification des Ordonnances de la Chambre des Comptes, fuivant fon bail.

Sur quoy l'Affemblée après avoir pris connoif- *Deliberation.* fance dudit Etat par la lecture qui en a été faite, a concedé acte audit Sr. Gautier de la remiffion d'icelui, pour les parties rayées dans fon compte de 1733. & deliberé que Meffieurs les Procureurs du Pays pourfuivront l'expedition des Lettres Patentes pour le rétabliffement defd. parties rayées, de même que pour celles rayées dans les comptes par lui precedemment rendus ; & en cas que lad. Cour fît des pourfuites pour l'apurement des comptes dudit Sr. Gautier, ou pour l'obliger à faire des recouvremens & fignifications pour ce fujet, Meffieurs les Procureurs du Pays fe pourvoyront au Roy pour en éviter les frais, & ledit Sr. Gautier fera relevé de tout ce qu'il pourra fouffir à ce fujet.

Ledit Sieur Affeffeur a dit, qu'il lui a été re- *Ponts & chemins* mis quelques placets pour la reparation de Ponts & Chemins ; fçavoir, pour la reparation du Chemin de Cagnes à Vence paffant par Vaugelade, pour celle du Chemin de Forcalquier à Manofque, pour celle du Chemin de Graſſe à Seranon, pour le rétabliſſement du Pont dit de Leau ſalée ſur le chemin de St. Maximin à Barjolx, pour la conſtruction d'un Pont ſur la tiraſſe & l'élargiſſement de celui dit Lançon, tous les deux dans le terroir d'Apt ſur le chemin par où l'on va de ladite Ville à Avignon, dont la reparation fut déliberée par l'Aſſemblée de 1731. laquelle reparation a été faite par la Viguerie dudit Apt, qui y a dépenſé juſques à quatorze cent cinquante livres ; ce qui eſt au delà de ſon contingent, & qui deviendroit comme inutile ſi l'on negligeoit de conſtruire ou élargir ces deux Ponts.

Deliberation.

Sur quoy l'Aſſemblée a renvoyé la connoiſſance de ces placets à Meſſieurs les Procureurs du Pays, pour y ſtatuer avec connoiſſance de cauſe, & faire choix des reparations les plus preſſées, principalement dans les grandes routes, & ſur tout dans celles par où les Troupes de Sa Majeſté paſſent.

Du 18. dudit mois de Novembre du matin.

S E L.

Abus dans le meſurage au grenier de Siſteron.

Monſieur d'Albert Aſſeſſeur d'Aix Procureur du Pays, a dit, que le Sieur député de la Communauté de Siſteron, lui a remis un Memoire ſur une nouveauté introduite par un nouveau prépoſé au Grenier à ſel à Siſteron, conſiſtant en ce qu'il étoit d'uſage au Grenier de Siſteron de debiter le sel en minot, demi minot, quart & huitiéme, & ce nouveau preposé ne le debite plus qu'en minot, demi & quart, de maniere que les pauvres habitans sont obligez d'aller chez les regratiers, & ne profitent pas du benefice qu'il y a de prendre du sel dans le Grenier; mais comme cette nouveauté est d'une consequence dangereuse, contraire aux Déclarations du Roy, & aux Deliberations des Assemblées generales, c'est à cette Assemblée à y pourvoir.

Sur laquelle proposition il a été deliberé, que *Deliberation.* Messieurs les Procureurs du Pays prendront toutes les informations necessaires sur les abus que peut faire le nouveau preposé au Grenier à sel de Sisteron, pour s'opposer à tout ce qui est contraire aux Declarations du Roy & à l'interêt du peuple, & poursuivre ledit Preposé pardevant les Juges qui en doivent connoître par toutes les voyes de droit.

Ledit Seigneur Archevêque d'Aix, a dit, qu'il *Imposition.* est necessaire d'imposer pour tout ce qui a été accordé par cette Assemblée, pour le Don-gratuit & autres Charges indispensables du Pays : sur quoy il croit à propos de faire remarquer que les Communautez se trouvant fort chargées par differentes Impositions. Il semble qu'il est necessaire que l'on se préte pour leur donner quelque soulagement, en ayant pourtant une grande attention, que le ſervice du Roy ſoit toûjours exactement rempli ; dans cette idée du ſervice qui doit être le principal objet, il a été fait un calcul des autres dépenſes que l'on ſera obligé de faire l'année prochaine, independamment de celles qui regardent le ſervice de Sa Majeſté, & en uſant ſur les autres d'une économie convenable, il croit qu'il ſuffira d'impoſer ſix cent livres par feu.

Deliberation.   Sur laquelle propoſition l'Aſſemblée a deliberé, qu'il ſera impoſé & mis fonds de la ſomme de ſix cent livres pour chaque feu, pour être exigée des Communautez du Pays, contribuables à ſes charges aux quatre quartiers de l'année prochaine 1736. ſuivant la repartition ci-après.

IMPOSITIONS.

Gouverneur.   Pour les apointemens de Monſeigneur le Gouverneur & l'entretenement de ſa Compagnie des Gardes, ſuivant l'impoſition faite par les derniers Etats, il ſera exigé l'année prochaine 1736. dix-ſept livres par feu aux quatre quartiers de ladite année également.

Lieutenant General pour le Roy.   Pour les apointemens de la Charge de M. le Lieutenant General pour le Roy en ce Pays, & pour ceux de ladite année 1736. il ſera exigé ſix livres par feu, auſſi aux quatre quartiers également.

Pour

Pour ce que le Pays doit contribuer pour la Maréchaussée. Compagnie du Sieur Prévôt des Maréchaux, il sera exigé suivant l'imposition faite par les derniers Etats, cinq livres par feu aux quatre quartiers de ladite année également.

Pour les gages des Officiers du Pays, frais des Procès, dépenses imprév;eües, payement des interêts aux Proprietaires des heritages compris dans les Fortifications ou Boulangerie de Toulon, Antibes, Seyne & Colmars, nouvel Arsenal des Galeres à Marseille, comme aussi pour l'abonnement des Droits sur les huiles, & pour tous autres cas inopinez, il sera exigé trente-deux livres par feu, sçavoir huit livres au quartier de Janvier, Fevrier & Mars, sept livres quinze sols à celuy d'Avril, May & Juin, dix livres quinze sols à celuy de Juillet, Août & Septembre, & cinq livres dix sols à celuy d'Octobre, Novembre & Decembre, le tout de ladite année.

Gages des Officiers du Pays, cas inopinez, interêts des heritages occupez par les fortifications des places de Provence; & abonnement des droits sur les Huiles.

Pour les Rentes constituées sur le Pays à cause des sommes principales par lui empruntées, il sera levé & exigé cent vingt-six livres par feu; sçavoir, quarante-trois livres au quartier de Janvier, Fevrier & Mars, trente-une livres à celuy d'Avril, May & Juin, seize livres à celuy de Juillet, Août & Septembre, & trente-six livres à celuy d'Octobre, Novembre & Decembre de ladite année prochaine.

Rentes sur le Pays.

K

Compensation des Tailles.

Pour la compensation des Tailles de Messieurs les Officiers des deux Cours du Parlement & des Comptes, il sera exigé, suivant l'imposition faite par les derniers Etats, vingt-cinq sols par feu au quartier de Novembre de ladite année.

Don-gratuit.

Pour subvenir au payement de la somme de sept cent mille livres accordée au Roy, pour le Don-gratuit de lad. année prochaine, l'Assemblée a imposé deux cent trente-cinq livres par feu exigibles; sçavoir, soixante-une livres au quartier de Janvier, Fevrier & Mars, cinquante-quatre livres à celui d'Avril, May & Juin, soixante-huit livres à celuy de Juillet, Août & Septembre, & cinquante-deux livres à celuy d'Octobre, Novembre & Decembre, le tout de ladite année prochaine 1736.

Vieux droits.

Pour le payement des trente-cinq mille livres de l'abonnement des droits d'albergue, Cavalcade & autres vieux droits, il a été imposé douze livres par feu exigibles aux quatre quartiers de ladite année également.

Commissaire aux saisies réelles & Maîtres des Postes.

Pour payer les deux mille livres des saisies réelles, & pour l'augmentation des gages des Maîtres des Postes, leur tenant lieu d'indemnité des Tailles; il sera exigé deux livres par feu au prochain quartier d'Avril, May & Juin.

Pour le remboursement de la depense des Troupes d'Infanterie, Cavalerie & Dragons en route, ou en quartier dans le Pays la presente année : comme aussi pour payer les fastigages & Ustenciles des Garnisons établies à Toulon, Antibes & autres Villes, de même que partie de la solde, subsistance, & autres depenses du Bataillon de Milice de Provence, & le dernier tiers de la depense à faire pour l'habillement des Soldats dudit Bataillon, il a été imposé quatre-vingt-dix livres par feu exigibles aux trois derniers quartiers de ladite année également. *Dépense des Troupes, Solde & dernier tiers de l'habillement de la Milice.*

Pour le payement des cent dix mille six cent livres d'un côté, pour l'Ustencile en argent des Troupes de Cavalerie & Dragons, & des seize mille livres d'autre, pour celle de l'Infanterie, il a été imposé quarante-deux livres par feu exigibles aux quatre quartiers de ladite année également. *Ustencile de la Cavalerie & de l'Infanterie.*

Pour les frais de la reddition du compte du Pays en la Chambre des Comptes, il sera exigé six livres par feu aux quatre quartiers de ladite année prochaine également. *Frais du compte.*

Pour la reparation des Ponts & Chemins dans le Pays, il sera exigé treize livres par feu aussi aux quatre quartiers de ladite année prochaine également. *Ponts & Chemins.*

K lj

Frais de l'As-
semblée.

Pour le payement des frais de cette Assemblée, il sera levé & exigé douze livres quinze sols par feu au prochain quartier de Janvier, Fevrier & Mars.

Total des im-
positions.

Toutes lesquelles impositions mentionnées ci-dessus, reviennent à lad. somme de six cent livres par feu, dont l'exaction sera faite par le Sr. Gautier Tresorier des Etats, sur le pied de cent cinquante livres pour chacun des quatre quartiers de ladite année prochaine 1736.

Detail des quar-
tiers.

Ledit Sieur Assesseur a dit, qu'il n'a plus aucune proposition à faire à l'Assemblée, & a requis la publication du Procès verbal qui en a été dressé, lequel a été lû & publié, l'Assemblée séant, & a remercié ledit Seigneur Premier Président & Intendant au nom de l'Assemblée, des bons Offices qu'il a rendu au Pays dans toutes les occasions qui se sont presentées, & particulierément durant la séance de l'Assemblée.

Fait & publié à Lambesc le 18. Novembre 1735.

De tout ce que dessus il apert dans les Registres du Greffe des Etats de Provence, ausquels nous soussignez Greffiers desdits Etats. Nous raportons,

DEREGINA *Greff.* RICARD

TABLE.

A

B

C

D

E

F

G

I

L

M

P

Serviteur

Fin de la Table.

BIBLIOTHEQUE NATIONALE DE FRANCE
3 7531 04426317 7